AF462586

PETIT
MANUEL

A L'USAGE DES CONSEILLERS MUNICIPAUX ET DES CONTRIBUABLES LES PLUS IMPOSÉS.

IMPRIMERIE DE BRODARD,
à Coulommiers.

PETIT

MANUEL

A L'USAGE DE MM. LES CONSEILLERS MUNICIPAUX ET CONTRIBUABLES LES PLUS IMPOSÉS ;

PRÉSENTANT

Par ordre de matières, les Lois, Ordonnances, Instructions et Circulaires sur l'Organisation, les Séances et attributions des Conseils Municipaux, avec ou sans l'Adjonction des plus imposés ;

PAR JOYEUX,

CHEF DE BUREAU A LA PRÉFECTURE DE SEINE ET MARNE.

TROISIÈME ÉDITION.

PRIX : 1 fr.

A MELUN,

CHEZ L'AUTEUR, PONT AUX FRUITS, N° 1,
Et chez les principaux libraires du département.

1826.

AVERTISSEMENT.

On ne manque pas de Traités sur l'Administration des Communes ; de temps en temps on publie sur cette matière des Ouvrages plus ou moins volumineux ; mais, de tous ceux que nous connaissons, il n'en est aucun qui ait été spécialement destiné à l'usage des Conseillers municipaux et des plus forts Contribuables, que la loi associe, dans certains cas, à leurs délibérations.

Nous avons pensé qu'un petit Manuel, présentant uniquement les dispositions qu'il importe aux uns et aux autres de connaître pour bien remplir leur mission, aurait un avantage particulier pour des Fonctionnaires qui ne s'occupent qu'instantanément des affaires publiques : celui de leur épar-

gner des recherches souvent longues et fastidieuses.

Tel est celui que nous offrons au Public.

La première Partie comprend tout ce qui est relatif au personnel des assemblées et à la forme de leurs actes.

On trouve dans la seconde, outre les dispositions relatives à l'objet de leur session annuelle, comprenant l'examen des comptes et la proposition des budgets, celles qui concernent les différentes affaires que la loi soumet à leur vote.

Enfin, une table alphabétique des matières facilite l'usage de ce petit Ouvrage, et en fait, d'un coup d'œil, apprécier l'utilité, laquelle est confirmée, au-delà de notre espérance, par le bienveillant accueil que le public vient de lui faire.

Pour lui témoigner notre reconnaissance, nous avons ajouté à cette troisième édition, quelques formules d'actes choisies parmi celle que MM. les Maires ne recoivent pas de l'autorité supérieure.

L'attention la plus scrupuleuse ne prévient pas toujours les erreurs ou les omissions : nous recevrons, avec reconnaissance, et nous mettrons à profit, les observations qui pourraient nous être adressées à ce sujet.

PETIT MANUEL

A L'USAGE

DES CONSEILLERS MUNICIPAUX, *etc.*

PREMIÈRE PARTIE.

COMPOSITION DES CONSEILS MUNICIPAUX ; FORME ET EFFETS DE LEURS DÉLIBÉRATIONS, etc.

CHAPITRE Ier.

COMPOSITION.

1. Il y a un conseil municipal dans chaque commune où il y a un maire et un adjoint (loi du 18 pluviôse an 8, art. 15).

2. Le nombre des membres de ce conseil est de dix dans les communes dont la population n'excède pas 2,500 habitans ; de vingt dans celles où elle n'excède pas 5,000 ; de trente, dans celles où la population est plus nombreuse (ibid.).

CHAPITRE II.

ADJONCTION DES PLUS IMPOSÉS.

3. Dans le cas où les cinq centimes additionnels imposés pour les dépenses des communes étant épuisés, une commune aurait à pourvoir à une dépense véritablement urgente, le maire, sur l'autorisation du Préfet, convoquera le conseil municipal et les plus forts contribuables au rôle de la commune, en nombre égal à celui des membres du conseil, pour reconnaître l'urgence de la dépense et l'insuffisance des cinq centimes ordinaires, et pour y pourvoir (loi du 15 mai 1818, art. 39).

4. Les conseils municipaux devront être assistés des plus imposés en nombre égal à celui de leurs membres, pour délibérer sur le vote des cinq centimes additionnels destinés à la réparation des chemins communaux, en cas d'insuffisance de la prestation en nature.

5. Lorsque les plus forts contribuables seront absens, ils seront remplacés, en nombre égal, par ceux portés après eux sur le rôle (ibid. art. 40).

6. Sont considérés comme absens, ceux qui, ne résidant pas dans l'arrondissement, n'ont pas manifesté l'intention de prendre part à la

délibération, ou se trouvent trop éloignés pour répondre à la convocation.

7. Il suit de là que l'adjonction est personnelle et que les contribuables ne sont pas admis à se faire représenter.

8. Toutefois, il y a des représentations qui sont de droit, parce qu'elles résultent d'autres branches de la législation auxquelles celle-ci ne saurait faire obstacle. Ainsi, la femme, en puissance de mari, est toujours légalement représentée par celui-ci (les femmes ne peuvent être appelées elles-mêmes à ces délibérations); les mineurs le sont de même par leurs tuteurs, subrogés tuteurs ou curateurs; et enfin les établissemens publics, légalement constitués, doivent l'être par un de leurs administrateurs.

9. Il est encore à faire observer que la loi, en appelant les plus forts imposés, n'exige pas qu'ils soient domiciliés dans la commune; il suffit qu'ils soient Français et qu'ils ne se trouvent point en état d'interdiction, soit pour leurs droits civils, soit pour leurs droits politiques.

10. Afin de satisfaire à ce vœu de la loi du 15 mai 1818, il a été ordonné que la liste des plus imposés fût rendue publique, chaque année, par voie d'affiches apposées, à la diligence du maire, aux chefs-lieux de la mairie, de la justice de paix et de la sous-préfecture.

11. La convocation des plus forts contribua-

bles doit être faite quinze jours avant la réunion.

12. Toutes ces dispositions sont de rigueur, et une réclamation fondée entraînerait la nullité de la délibération (circulaire du Ministre de l'intérieur, du 21 avril 1823).

CHAPITRE III.

NOMINATION ET RENOUVELLEMENT.

13. Dans les communes dont la population est au-dessous de 5,000 âmes, les Préfets nomment les membres des conseils municipaux, et peuvent les suspendre de leurs fonctions (loi du 28 pluviôse an 8, art. 20).

14. Dans les villes de 5,000 âmes et au-dessus, le Roi nomme les membres des conseils municipaux, sur une liste de candidats présentés par les Préfets et choisis sur la liste des électeurs les plus imposés des communes respectives (arrêté du Gouvernement du 16 thermidor an 10).

15. Aux termes de l'ordonnance royale du 13 avril 1816, le renouvellement des conseils municipaux aura lieu en 1831, 1841, et ainsi de suite de dix ans en dix ans.

CHAPITRE IV.

SERMENT.

16. Les membres des conseils municipaux prêtent serment, lors de leur première assemblée, entre les mains du maire, qui envoie le procès verbal au sous-préfet, pour être transmis, par extrait, au Préfet du département (arrêté du Gouvernement du 19 floréal an 8).

CHAPITRE V.

INCOMPATIBILITÉS.

17. Les membres des tribunaux et procureurs du Roi, les juges des tribunaux de commerce, les juges de paix et leurs suppléans, les greffiers de ces divers tribunaux, ne peuvent être officiers municipaux (loi du 24 vendémiaire an 3, titre 1er, art. 1er).

18. Les membres des municipalités ne peuvent remplir d'autres fonctions publiques sujettes à comptabilité (ibid. art. 2).

19. L'incompatibilité cesse néanmoins pour les assesseurs (suppléans) des juges de paix, dans les communes dont la population est au-dessous de 4,000 âmes (ibid.).

20. Aucun citoyen ne peut exercer ni con-

courir à l'exercice d'une autorité chargée de la surveillance médiate ou immédiate des fonctions qu'il exerce dans une autre qualité (ibid. titre 2, art. 1er).

CHAPITRE VI.

RANG DANS LES CÉRÉMONIES.

21. Les corps marcheront dans l'ordre suivant :

Les membres de la cour de justice criminelle ;

Le conseil de préfecture ;

Les membres du tribunal de première instance ;

LE CORPS MUNICIPAL (il se compose des adjoints du maire et des conseillers municipaux) ;

Le tribunal de commerce ;

Les juges de paix (décret du 24 messidor an 12).

CHAPITRE VII.

ÉPOQUES D'ASSEMBLÉES.

22. Le conseil municipal s'assemblera, chaque année, le premier mai, et pourra rester assemblé quinze jours (loi du 28 pluviôse an 8, art. 15).

23. Il pourra être convoqué extraordinairement par ordre du Préfet (ibid).

24. Dans la session annuelle du premier mai, chaque conseil municipal a le droit de s'occuper de tous les besoins locaux et de tous les intérêts de la communauté des habitans ; mais lorsqu'il est assemblé extraordinairement, en vertu d'une autorisation particulière, le maire doit veiller à ce qu'il ne délibère que sur l'objet de la convocation, et l'avertir qu'il serait obligé de laisser sans suite toute délibération qui y serait étrangère.

25. Toute convocation qui n'aurait pas été ainsi autorisée serait illégale, et les actes qui en seraient la suite seraient essentiellement nuls (instruction du Préfet de Seine-et-Marne aux maires, page 7).

26. Tout maire démissionnaire ou destitué, étant obligé de rendre ses comptes au conseil municipal, chaque démission ou destitution de maire doit être suivie immédiatement de la convocation du conseil municipal, pour recevoir et débattre, s'il y a lieu, les comptes que doit ce fonctionnaire à sa sortie de fonctions (circulaire du Ministre de l'int. du 11 vend. an 9).

27. Les conseils municipaux pourront être convoqués extraordinairement, chaque année, dans les premiers jours de novembre, pour délibérer sur les réparations à faire aux chemins communaux dans le cours de l'année suivante (arrêté du Préfet de Seine-et-Marne).

CHAPITRE VIII.

FORMATION DU BUREAU.

28. Les maires ne font point partie du nombre des membres désignés des conseils municipaux ; mais ils les président de droit (décret du 4 juin 1806, art. 1er).

29. Les adjoints n'ont point entrée au conseil municipal, à moins qu'ils ne remplacent le maire pour cause de maladie, absence ou autre empêchement (arrêté du 2 pluviôse an 9 ; décret du 4 juin 1806, art. 2).

30. Lorsque le maire a un compte à rendre, il quitte la présidence, et il est remplacé par un membre du conseil choisi au scrutin, et à la majorité absolue des suffrages (décret du 4 juin 1806, art. 3).

31. Le secrétaire de chaque conseil municipal est choisi parmi les membres de ce conseil, au scrutin et à la majorité absolue des suffrages.

32. Cette nomination se renouvelle au commencement de chaque session ou de chaque assemblée extraordinaire du conseil.

CHAPITRE IX.

MAJORITÉ POUR LA VALIDITÉ DES DÉLIBÉRATIONS.

33. Un corps constitué ne peut prendre de

délibération que dans une séance où les deux tiers au moins de ses membres se trouvent présens (art. 90 de la loi du 22 frimaire an 8).

34. Ainsi, pour être régulières (dans les communes de 2,500 habitans et au-dessous), les délibérations doivent être prises par sept membres du conseil municipal au moins; et lorsqu'il s'agit de voter une imposition extraordinaire, par sept des plus imposés, en tout quatorze. A cet égard, on doit faire observer que les membres du conseil ne peuvent suppléer les plus imposés, ni ceux-ci les premiers.

35. La majorité des votes se constate par la mojorité des membres présens, sans distinction de qualité (circul. ministérielles).

CHAPITRE X.

EFFETS DES DÉLIBÉRATIONS DES CONSEILS.

36. Les délibérations des conseils municipaux seront exécutées sur la seule approbation des Préfets, toutes les fois qu'elles seront relatives à l'administration des biens de toute nature appartenant à la commune, à des constructions, réparations, travaux et autres objets d'intérêt communal, et que les dépenses, pour ces objets, devront être faites au moyen des revenus propres à la commune, ou au moyen des impositions affectées par la loi aux dépenses ordi-

naires des communes (ordonnance royale du 8 août 1821, art. 1er). *Ces règles ne sont pas applicables aux acquisitions, échanges, aliénations et baux emphytéotiques (voyez ci-après le chapitre relatif à ces objets).*

Consulter aussi celui relatif aux travaux de constructions et réparations.

37. Les délibérations de ces conseils qui concernent les intérêts communaux, même lorsqu'elles ne s'étendent pas hors de cet intérêt, et qu'elles se renferment dans les limites des fonctions propres au pouvoir municipal, n'en sont pas moins soumises à la surveillance du Préfet, parce qu'il n'est pas dans les attributions des autorités municipales de déterminer les principes et les formes de l'administration, et que si le premier magistrat, chargé par le Roi de l'autorité supérieure dans le département, ne veillait pas à ce que les délibérations fussent toujours conformes aux principes des lois et des réglemens généraux de l'État, les communes formeraient autant de cités indépendantes, qui, par la divergence de leurs mouvemens partiels, détruiraient bientôt l'harmonie générale, et produiraient nécessairement le désordre et la confusion (circulaires ministérielles).

38. Il résulte de ce principe établi par la loi du 28 décembre 1789 et par celle du 17 fevrier 1800 (28 pluviôse an 8), que les Préfets doi-

vent veiller à ce qu'en aucun cas les maires et les conseillers municipaux ne s'écartent des limites que les lois leur ont prescrites, et modifier, rectifier, annuler même les actes et délibérations qui seraient contraires aux lois et règles d'une sage administration, comme ceux qui prononceraient hors de leur compétence respective (ibid.).

39. Les délibérations des conseils municipaux sur les besoins des communes ne sont pas définitives : la loi dit qu'ils *délibèrent*, mais non pas *qu'ils règlent*. C'est aux Préfets à statuer définitivement sur l'exécution des délibérations des conseils municipaux, qu'ils peuvent infirmer, dans le cas où ils les en jugeraient susceptibles (ibid.).

CHAPITRE XI.

POURVOI CONTRE LES DÉLIBÉRATIONS.

40. Lorsque les Préfets, après avoir pris l'avis écrit et motivé du conseil de préfecture, jugeront que la délibération n'est pas relative à des objets d'intérêt communal, ou s'étend hors de cet intérêt, ils en référeront au Ministre de l'intérieur (ordonnance royale du 8 août 1821, art. 3).

CHAPITRE XII.

MISE EN JUGEMENT.

41. Un conseiller municipal ne peut être considéré comme un agent du Gouvernement, et il n'est pas besoin de l'autorisation royale pour le poursuivre à raison d'un délit ou d'un crime commis dans l'exercice de ses fonctions (ordonnance royale du 21 mai 1823 insérée au Recueil de Maccarel, tom. V, page 356).

DEUXIÈME PARTIE

ATTRIBUTIONS DES CONSEILS MUNICIP.

TITRE Ier.

Objets des Sessions annuelles.

CHAPITRE Ier.

COMPTES D'ADMINISTRATION A PRÉSENTER PAR LE MAIRE.

42. Le conseil municipal entend et débat les comptes des recettes et dépenses municipales

qui sont rendus par le maire (loi du 8 pluviôse an 8, art. 15).

43. Les recettes et dépenses des communes ne peuvent être faites que conformément aux budgets de chaque exercice, ou aux autorisations extraordinaires données par qui de droit, et dans les mêmes formes (ordonnance royale du 23 avril 1823, art. 1er).

44. Les dépenses ne peuvent être acquittées que sur les crédits ouverts à chacune d'elles, ni ces crédits être employés par les maires à d'autres dépenses (ibid.).

45. L'exercice commence au 1er janvier et finit au 31 décembre de l'année qui lui donne son nom; néanmoins, les crédits restent à la disposition du maire ordonnateur jusqu'au 31 décembre de l'année suivante; mais seulement pour completter les dépenses auxquelles ils ont été affectés (ibid. art. 2).

46. Passé ce délai, l'exercice est clos; les crédits ou portions de crédits qui n'ont pas reçu leur application, sont annulés, et les sommes en provenant, portées, sous un titre spécial, au chapitre des recettes extraordinaires du plus prochain budget (ibid.).

47. D'après les art. 2, 3 et 4 de l'ordonnance, les crédits ouverts par le budget d'une année, resteront à la disposition des maires ordonnateurs, depuis le premier janvier de cette

année, jusqu'à la fin de l'année qui suit, c'est-à-dire, pendant deux ans que durera l'exercice (instruction du Ministre des finances, du 30 novembre 1823, art. 1er).

48. Mais les opérations de chaque exercice devant être entièrement terminées le 31 décembre de la seconde année, et aucun paiement ne pouvant avoir lieu passé ce terme de rigueur, il était indispensable de mettre un intervalle entre l'ordonnancement et le paiement ; car les agens de ces deux opérations étant différens, le paiement ne suit pas instanément le mandat, et si le maire avait la faculté d'ordonnancer encore le 31 décembre, le receveur serait forcé de prolonger ses paiemens jusques dans le mois de janvier, ce qui serait étendre les opérations d'un exercice à trois années, et se mettre en opposition avec l'ordonnance (ibid.).

49. Les ordonnateurs ne pourront plus délivrer de mandats après le 30 novembre (ibid. art. 3).

50. A dater de 1824, les comptes des maires ordonnateurs rendus par exercice, et clos au 31 décembre de l'année qui suit immédiatement chaque exercice, seront nécessairement soumis aux délibérations des conseils municipaux, dans leur session ordinaire du mois de mai suivant (ordonnance royale du 3 avril, 1823, art. 5).

51. La reddition du compte d'administration est plus particulièrement recommandée aux maires des villes, parce que ces opérations y sont plus compliquées, et qu'il leur importe de prouver jusqu'à l'évidence qu'ils ont administré avec économie, discernement et exactitude.

52. Quant aux maires des communes rurales qui, en raison du peu d'importance des dépenses, croiraient pouvoir se borner à donner verbalement au conseil municipal toutes les explications demandées, il leur suffira de produire, à l'appui du compte rendu par le receveur, la situation financière établie par celui-ci, après toutefois en avoir reconnu le bien-être, ou y avoir fait les changemens nécessaires (circulaire du Préfet de Seine-et-Marne).

CHAPITRE II.

COMPTES DE LA GESTION DES RECEVEURS COMMUNAUX.

53. Le conseil municipal entend et débat les comptes des recettes et dépenses municipales qui sont rendus par le receveur municipal (loi du 8 pluviôse an 8, art. 15).

54. Aucune dépense ne peut être acquittée par un receveur municipal, si elle n'a été préalablement ordonnancée par le maire, sur un

crédit régulièrement ouvert. Tout mandat ou ordonnance doit énoncer l'exercice et le crédit auxquels la dépense s'applique, et être accompagné, pour la légitimité de la dette et la garantie du paiement, des pièces indiquées au tableau suivant.

55. Etat des pièces à fournir pour la justification des dépenses communales.

DÉPENSES DU PERSONNEL.

Appointemens, gages et salaires des agens et préposés de l'administration municipale.	La quittance ou l'état émargé des parties prenantes énonçant leur nom, leur grade ou leur emploi; le montant de leurs traitemens, gages et salaires, par année et par mois; la retenue pour pension de retraite, et le net à payer.

DÉPENSES DU MATÉRIEL.

Dépenses ordinaires pour achats d'objets mobiliers, denrées, matières et marchandises.	Factures ou mémoires réglés des fournitures; procès verbal d'adjudication, soumissions, conventions et marchés dans tous les cas où ces voies ont été employées; cer-

tificats de réception ; décompte des livraisons.

Echanges et acquisitions de propriétés immobilières par voie d'amiable composition, et de consentement volontaire.

Ordonnance royale autorisant l'acquisition ou l'échange ; la grosse du contrat ; le certificat de transcription au bureau des hypothèques de l'arrondissement dans lequel sont situées les propriétés acquises ; le certificat constatant qu'il n'existe pas d'inscription, ou le certificat de main-levée et de radiation de celles qui existaient à la transcription du contrat, et généralement toutes les pièces justificatives de la purge des hypothèques légales.

Acquisition par voie d'expropriation forcée pour cause d'utilité publique.

Ordonnance autorisant l'acquisition pour cause d'utilité publique ; extrait ou copie du jugement rendu pour l'expropriation et le règlement de l'indemnité légale à

	payer aux propriétaires. Le certificat négatif d'inscription délivré par le conservateur des hypothèques, ou de radiation de celles qui pourraient avoir été prises sur les propriétés acquises ; le certificat de purge des hypothèques légales.
Constructions, reconstructions et réparations extraordinaires.	Décision approbative des travaux ; procès verbal d'adjudication publique au rabais, dûment approuvé par le Préfet; état d'avancement des travaux et des à-comptes à payer, certifié véritable par l'architecte chargé de leur surveillance et direction, et visé par le maire. Et quant au solde des travaux, procès verbal de réception.
Réparation de simple entretien, et n'excédant pas mille francs.	Devis estimatif et arrêté approbatif de la dépense ; soumission de l'entrepreneur acceptée par le mai-

re, ou mémoire des réparations exécutées par la commune, réglé et certifié véritable par l'architecte et visé par le maire

(Ordonnance royale du 3 avril 1823, art. 4).

Retenues pour dépenses communes à plusieurs municipalités. Une coupure en ce qui concerne chaque commune de la contrée de perception du récépissé collectif, certifiée par le receveur particulier.

Taxations des receveurs. Décompte exact et certifié par le maire.

56. Il est des dépenses qui sont payées en plusieurs années. Il a été prescrit de rapporter toutes les pièces qui en établissent la quotité à l'appui du premier mandat de paiement, et de rappeler aux comptes de l'année suivante, que les pièces sont jointes au compte de telle année (instruct. du Préfet de Seine-et-Marne).

57. A l'appui du compte de gestion, le comptable devra joindre une copie du procès verbal de clôture des comptes-journaux ouverts sur le livre de l'année qui finit. Ce procès verbal fera ressortir par la comparaison des totaux des colonnes du *débit* et du crédit, l'excédant de recette ou de dépense à justifier par le comptable (instruct. ministérielle du 30 novembre 1823, art. XI).

58. Les art. 45 à 50 ci-dessus rapportent les dispositions des art. 1, 2 et 3 de l'ordonnance royale du 23 avril 1823, relatives à la durée de chaque exercice. Ces dispositions concernent aussi les comptes des receveurs municipaux ; il convient de s'y reporter.

59. A l'effet d'assurer l'exécution ponctuelle de ladite ordonnance, les ministères de l'intérieur et des finances, faisant aux receveurs municipaux l'application des règles précédemment prescrites à l'égard des autres comptables publics, en vertu de l'ordonnance du 14 septembre 1822, ont arrêté les dispositions ci-après :

« Les pièces de dépenses dont l'ordonnance-
» ment exige une liquidation préalable cesse-
» ront d'être admises par les maires deux mois
» avant la clôture de l'exercice, et par consé-
» quent le terme de la présentation sera le 31
» octobre de chaque année.

» Les ordonnateurs ne pourront plus délivrer
» de mandats après le 30 novembre, et tout
» mandat présenté aux comptables après le 15
» décembre, serait refusé par ce seul motif.

» Les parties prenantes seront averties, soit
» par un avis général, soit individuellement de
» ces dispositions, afin qu'elles s'y conforment
» et ne conservent point le droit de se plaindre.

» Tout mandat qui ne pourrait point être
» payé, faute d'avoir été présenté en temps

» utile, devrait être annulé, pour être ensuite
» remplacé par un nouveau mandat imputable
» sur les crédits qui seront ouverts à cet effet
» dans le budget de l'exercice subséquent. »

60. Ainsi, et en résumé, toutes les dépenses régulièrement ordonnancées sur un exercice depuis le 1er janvier de la première année jusqu'au 30 novembre de la seconde année, devront être acquittées par les receveurs pendant le même intervalle, augmenté de quinze jours, de telle manière qu'il ne reste plus rien à payer le 15 décembre au soir. Passé ce jour, l'exercice sera clos, et les crédits ou portions de crédits qui n'auront pas reçu leur application par la délivrance et le paiement des mandats des maires seront annulés de fait et de droit.

61. Il importe aux receveurs de ne jamais perdre de vue qu'ils ne pourraient effectuer de paiemens hors des termes et des limites qui viennent d'être posés, sans compromettre leur responsabilité, puisque ces paiemens ne pouvant être admis dans leurs comptes, resteraient à leur charge (instruct. du Minist. des finances du 30 novembre 1823, art. 2).

62. De tout ce qui précède, il résulte que la durée d'un exercice est de deux *années* :

La première année donne son nom à l'exercice commencé le premier janvier ;

La seconde est accordée pour completter et

clore définitivement les opérations propres à cet exercice.

On voit, par suite, que cette seconde année qui est le terme d'un exercice, est elle-même le commencement d'un nouvel exercice auquel elle donne son nom, et qu'en conséquence, les receveurs auront à faire, dans le cours d'une même année, les opérations complétives de l'exercice qui commence.

63. C'est pourquoi les receveurs sont tenus, par les articles 5, 11 et 12 de l'ordonnance, de rendre, au 31 décembre de chaque année :

1° Le compte définitif et final des recettes et dépenses faites pendant l'année pour completter les opérations de l'exercice qui finit ;

2° Le compte partiel ou de situation de l'exercice qui est commencé, c'est-à-dire, le compte des recettes et dépenses effectuées dans les 12 premiers mois de cet exercice, comme lui étant propres.

64. A dater de 1824, les comptes des maires ordonnateurs et les comptes des receveurs, les uns et les autres rendus par exercice et clos, ainsi que le prescrit l'art. 2, au 31 décembre de l'année qui suit immédiatement chaque exercice, seront nécessairement soumis aux conseils municipaux dans leur session ordinaire du mois de mai suivant (ordonnance royale du 23 avril 1823, art. 5).

65. Les comptes des receveurs municipaux, pour les communes dont les revenus sont de 10,000 francs et au-dessus, sont arrêtés par la cour des comptes ; pour les communes dont les revenus ne s'élèvent pas à 10,000 francs, ils sont arrêtés par les conseils de préfecture ; et pour celles dont les revenus ne s'élèvent pas à cent francs, par les sous-préfets qui auront aussi le règlement définitif des budgets de ces mêmes communes ; etc. (ibid. art. 6, et ordonnance du 28 janvier 1815).

66. Les communes et les comptables pourront se pourvoir, ainsi qu'il avait été réglé par l'art. 11 de l'ordonnance royale du 8 janvier 1815, par-devant la cour des comptes contre les arrêtés de comptes rendus par les conseils de préfecture, et par-devant ces conseils contre les arrêtés de comptes rendus par les sous-préfets (ibid. art. 7).

67. Les recours réservés par l'article précédent ne resteront ouverts que pendant trois mois, à dater de la notification aux parties intéressées des arrêtés de comptes, lesquels devront être notifiés un mois, au plus tard, après qu'ils auront été rendus (ibid. art. 8).

68. Dans le même délai de trois mois, les Préfets pourront, lorsqu'ils le jugeront nécessaire, saisir d'office les conseils de préfecture de la révision des comptes arrêtés par les sous-pré-

fets. Ils devront, à l'expiration dudit délai, leur renvoyer approuvés les bordereaux sommaires des comptes qu'ils n'auront pas soumis à cette révision, et contre lesquels il n'y aura pas eu de pourvoi (ibid.).

69. Les sous-préfets ne pourront délivrer aux comptables le quitus des comptes qu'ils auront arrêtés, qu'après avoir reçu l'approbation exigée par l'article précédent, ou la décision du conseil de préfecture. En cas de recours exercé ou de révision requise d'office, mention devra être faite au quitus desdites approbation ou décision (ibid. art. 9).

70. Les comptes définitifs des receveurs rendus comme il est dit art. 5, devront présenter :

1° Le solde restant en caisse ou en portefeuille au commencement de chaque exercice ;

2° Les recettes et les dépenses de toute nature effectuées pour chaque exercice, soit pendant l'année qui lui donne son nom, soit pendant l'année suivante destinée à en completter les faits ;

3° La récapitulation de leurs opérations, et le montant des valeurs en caisse et en portefeuille, composant leur reliquat au 31 décembre de cette seconde année, époque de la clôture de l'exercice (ibid. art. 11).

71. Indépendamment du compte définitif rendu par les receveurs, pour chaque exercice,

et embrassant l'année qui lui est propre et l'année qui le suit, ils seront tenus de rendre, à la fin de la première année, un compte de situation présentant tous les actes de leur gestion pendant ladite année, lequel compte subira les vérifications prescrites par les art. 5 et 6, mais seulement comme moyen de contrôle et sans pouvoir donner lieu à aucun règlement de nature à libérer le comptable (ibid. art. 1).

72. Chaque receveur ne sera responsable que des actes de sa gestion personnelle. En cas de mutation de receveur, le compte de l'exercice sera divisé suivant la durée de la gestion de chaque titulaire, et chacun d'eux rendra compte séparément des faits qui le concerneront, en se conformant aux dispositions de la présente ordonnance (ibid. art. 13).

73. Toutes recettes et tous paiemens faits pour le compte des communes sans l'intervention de leurs receveurs municipaux, donneront lieu aux poursuites autorisées par les lois contre les personnes qui ont indûment disposé des deniers publics.

74. Les paiemens faits par les receveurs, sans autorisation légale et hors des termes des budgets, sont considérés comme déficits et emportent leur destitution, selon les cas prévus par le décret du 27 février 1811.

CHAPITRE III.

SUPPLÉMENT DE CRÉDIT.

75. Après avoir reconnu, ainsi qu'il vient d'être dit, si en définitive il y aura, sur l'exercice expiré, un excédant de recettes ou de dépenses, le conseil aura à voter le supplément de crédit ou de fonds qui seront nécessaires pour l'exercice suivant.

CHAPITRE IV.

FORMATION DES BUDGETS.

DISPOSITIONS PRÉLIMINAIRES.

76. Les budgets des villes ayant plus de 100,000 francs de revenu, continueront à être soumis à l'approbation du Roi (ordonnance du 18 août 1821, art. 2).

77. Les Préfets doivent pourvoir au règlement des budgets des villes dont les revenus n'excèdent pas 100,000 francs.

78. Le maire doit former et présenter au conseil municipal, dans sa session du 1er mai, le budget de la commune. Le conseil émet son vœu sur chacun des articles de ce budget.

79. Toutes les allocations proposées pour dépenses étrangères à celles que les lois ont

mises à la charge des communes seront écartées, conformément à l'art. 3 de l'ordonnance du 8 août 1821, jusqu'à ce que le Ministre ait prononcé à cet égard.

80. Les budgets des communes se divisent en deux parties : *Recettes* et *Dépenses*.

81. Les recettes se subdivisent en Recettes ordinaires et Recettes extraordinaires. Il en est de même des Dépenses.

82. On trouve dans les formules des budgets la nomenclature des articles qui forment chacune de ces deux espèces de ressources et de dépenses. Nous les reproduisons ci-après avec diverses instructions y relatives, en faisant observer que l'ordre des matières varie souvent selon des divers départemens.

83. Il ne faut pas conclure de cette nomenclature, que des recettes ou dépenses qui n'y seraient pas prévues ne dussent pas être comprises au budget : tout maire qui dissimulerait, dans son budget, un produit quelconque dont la commune profite, compromettrait gravement sa responsabilité.

CHAPITRE V.

RECETTES ORDINAIRES.

84. *Cinq centimes additionnels à la contribution foncière.*

85. *Portion afférente à la commune dans le produit des patentes.*

Des quinze centimes dont le prélèvement est autorisé par les lois sur le montant des rôles des patentes, deux centimes sont affectés aux frais de confection des rôles; les 13 centimes restant sont pareillement affectés, d'abord aux décharges et réductions, et l'excédant aux dépenses municipales (loi du 2 ven. an 13, art 40).

86. Cet excédant se répartit entre les communes au centime le franc de leur rôle particulier ; mais il faut attendre, pour cette répartition, que les ordonnances de dégrèvement et de non-valeurs soient rentrées dans la caisse des receveurs d'arrondissement, et le délai fixé pour cette rentrée n'expire qu'au 8 janvier de la seconde année qui suit l'exercice pour lequel on a formé le rôle des patentes (circulaires).

87. *Amendes de police*

On doit porter en recette la part attribuée à la commune dans la répartition arrêtée par le Préfet.

88. *Maisons et usines.*

Si le produit est moindre par l'effet de distraction de maison ou terrain pour un service public, il faut l'expliquer et justifier des autorisations nécessaires.

89. Nul bâtiment ou portion de bâtiment communal ne peut être distrait de ces objets de

produit pour loger gratuitement des fonctionnaires ou employés. Nul ne peut être logé dans l'hôtel-de-ville ou maison commune (circulaires ministérielles).

90. *Biens ruraux communaux.*

Les biens des communautés d'habitans restés en jouissance commune depuis la loi du 10 juin 1793, et que les conseils municipaux ne jugeront pas nécessaires à la dépaissance des troupeaux, peuvent être affermés sans qu'il soit besoin de recourir à l'autorisation du Roi, lorsque la durée des baux ne doit pas excéder neuf années. La mise en ferme de ces biens ne peut se faire qu'après avoir été délibérée par le conseil municipal, et que sous les clauses, charges et conditions insérées au cahier des charges qui en sera dressé par le maire, et homologué par le Préfet sur l'avis du sous-préfet (ordonnance royale du 7 octobre 1818, art. 1 et 2).

91. Il est procédé par le maire à l'adjudication des baux desdits biens, en présence des adjoints et d'un membre du conseil municipal désigné par le Préfet, à la chaleur des enchères et d'après affiches et publications faites dans les formes prescrites tant par l'art. 13 de la loi du 5 novembre 1790 et par les dispositions de la loi du 4 février 1791, que par le décret du 12 août 1807 (ibid. art. 3).

92. Les baux seront annoncés un mois d'a-

vance par des publications de dimanche en dimanche, à la porte des églises paroissiales de la situation et de celles des principales églises les plus voisines, à l'issue de la messe de la paroisse, et par des affiches de quinzaine en quinzaine, aux lieux accoutumés (loi du 5 novembre 1790, titre 2, art. 13).

93. A compter de la publication du présent décret, les baux à ferme etc. pour la durée ordinaire seront faits aux enchères par-devant un notaire désigné par le Préfet, et le droit d'hypothèque sur tous les biens du preneur y sera stipulé par la désignation, conformément au code civil (décret du 12 août 1807, art. 1er).

94. Les affiches pour l'adjudication seront apposées dans les formes et aux termes déjà indiqués par les lois et réglemens, et en outre leur extrait sera inséré dans le journal du lieu de la situation de l'établissement, ou à défaut, dans celui du département, selon ce qui est prescrit par l'art. 683 du code de procédure civile (ibid. art. 2).

Consulter, en outre, le décret du 7 germinal an 9.

95. *Affouages.*

On joindra au budget un état qui fera connaître l'étendue de la coupe annuelle et sa valeur présumée, d'après l'estimation de l'inspecteur des forêts dont on présentera le certificat.

On déduira de cette valeur celle des bois qui seront distribués en nature aux habitans, à titre d'affouage, en prenant pour base l'évaluation première faite par l'inspecteur. On énoncera avec soin : 1o la quantité de ces bois par nombre de stères ; 2o les frais d'exploitation appuyés d'un certificat du même inspecteur; 3o le salaire des gardes, le martelage et tous autres frais non payés sur le décime pour franc à distraire pour le domaine (*v.* Bois). La dépense sera indiquée article par article. Il n'y a point à déduire les contributions. Ces distractions faites, on ajoutera au produit restant celui des taxes que, suivant les localités, les habitans doivent payer à raison des bois qui leur sont distribués. Ces taxes peuvent varier d'une année à une autre, suivant les besoins de la commune et la nécessité où elle est de pourvoir à de nouvelles dépenses ou à des dépenses extraordinaires ; mais elles ne doivent jamais être au-dessous de celles qui sont fixées par les anciens réglemens. Il sera donc nécessaire d'en rappeler les dispositions, notamment en ce qui concerne le nombre de mesures de bois réduites en stères auxquelles chaque feu a droit. On aura soin de mentionner à la suite le nombre de feux existant dans la commune.

Ainsi l'article du produit des coupes ordinaires de bois sera porté en trois lignes :

Produit brut de la coupe , ci....
Déduction détaillée en l'état ci-joint, moins la somme à payer par les habitans pour leur part dans les affouages , ...
Produit net . . . .

96. *Arrérages de rentes sur l'Etat.*

97. *Rentes foncières.*

Les rentes foncières proprement dites, ne pouvant s'éteindre, en général, que par le remboursement du capital, il y aura à prouver, en cas de diminution, que le montant du remboursement a été reçu et porté en recette extraordinaire, ou que le remploi en a été opéré légalement (circulaire).

L'art. 2277 du code civil veut que les arrérages de rentes perpétuelles soit foncières, soit consituées, se prescrivent par cinq ans.

L'art. 2278, qui étend cette prescription aux rentes appartenant à des mineurs, s'applique aux communes; ainsi, le recours autorisé par le même article contre les tuteurs pourrait être exercé contre les fonctionnaires qui auraient négligé les mesures nécessaires pour mettre à couvert les intérêts de leurs communes.

Les maires auront soin de soutenir à cet égard l'activité des receveurs municipaux (instruction du Préfet de Seine-et-Marne aux maires du département du 1er septembre 1808, page 142).

98. *Intérêts des capitaux placés à la caisse de service.*

Cette caisse ne reçoit pas les oppositions des créanciers des communes (avis du conseil d'État du 12 août 1807).

Les sommes excédant les besoins du service sont versées par les communes chez les receveurs généraux et particuliers, pour le compte de la caisse de service qui paie à chaque commune l'intérêt des sommes qui lui sont versées de la même manière qu'elle en tient compte aux particuliers (décret du 27 février 1811, art. 4, et ordonnance du 7 mars 1818).

99. *Location de chasse.*

La location de la chasse dans les bois et sur les terrains communaux, doit, comme celle du produit des autres biens, être précédée de la rédaction d'un cahier de charges discuté par le conseil municipal et approuvé par le Préfet (instruct. aux maires précitée).

100. *Pesage, mesurage et jaugeage.*

Il a été prescrit, par un grand nombre de décrets et ordonnances, de mettre ce droit en vigueur ou de justifier des obstacles.

Ce droit ne peut être perçu que d'après un tarif arrêté par le Ministre de l'intérieur.

L'établissement d'un droit de jaugeage doit être ordonné par ordonnance spéciale, d'après l'avis du conseil d'État du 18 octobre 1808 (circulaires ministérielles).

101. *Octrois*.

Lorsque les revenus d'une commune sont insuffisans pour les dépenses, il peut y être établi, sur la demande du conseil municipal, un droit d'octroi sur les consommations. La désignation des objets imposés, le tarif, le mode et les limites de la perception sont délibérés par le conseil municipal, et réglés de la même manière que les dépenses et revenus communaux. Le conseil municipal décide si le mode de perception est la régie simple, la régie intéressée, le bail à ferme ou l'abonnement avec la régie des contributions indirectes (loi du 28 avril 1816, art. 147).

102. Aucun tarif d'octroi ne peut porter que sur des objets destinés à la consommation du lieu sujet. Ces objets sont toujours compris dans les cinq divisions suivantes, savoir :

1° Boissons et liquides ;
2° Comestibles ;
3° Combustibles ;
4° Fourrages ;
5° Matériaux.

(Ordonnance royale du 9 décembre 1814, art. 11).

103. Sont compris dans la première division, les vins, vinaigres, cidres, poirés, bières, hy-

dromels, eaux-de-vie, esprits, liqueurs et eaux spiritueuses.

104. Les droits d'entrée sur les vins, cidres, poirés, eaux-de-vie et liqueurs ne peuvent excéder ceux perçus aux entrées des villes sur les mêmes boissons, pour le compte du trésor public (Paris excepté).

105. Les vendanges ou fruits à cidre et à poiré sont assujétis aux droits, à raison de trois hectolitres de vendanges pour deux hectolitres de vin, et de cinq hectolitres de pommes ou de poires pour deux hectolitres de cidre ou de poiré (ibid. art. 12).

106. Les eaux-de-vie et esprits doivent être divisés, pour la perception, d'après les degrés conformément au tarif des droits d'entrée.

107. Les eaux dites de Cologne, de la reine de Hongrie, de Melisse et autres dont la base est l'alcohol, doivent être tarifées comme les liqueurs (ibid. art. 13).

108. Les huiles peuvent aussi, suivant leurs qualités, être imposées : la taxe en est déterminée suivant leur qualité ou leur emploi (ibid. art. 15).

109. Sont compris dans la seconde division les objets servant habituellement à la nourriture des hommes, à l'exception toutefois des grains et farines, fruits, beurre, lait, légumes et autres menues denrées (ibid. art. 16).

110. Ne sont pas compris dans les exceptions les fruits secs et confits, les pâtes, les oranges, les limons et citrons, lorsque ces objets seront introduits dans la ville en caisse, tonneaux, barils, paniers ou sacs, ni le beurre et les fromages venant de l'étranger (ibid. art. 17).

111. Les bêtes vivantes doivent être taxées par tête. Les bestiaux abattus au dehors et introduits par quartiers paient au prorata de la taxe par tête. A l'égard des viandes dépecées, fraîches et salées, elles seront imposées au poids (ibid. art. 18).

112. Les coquillages, le poisson de mer, frais, sec ou salé, de toute espèce, et celui d'eau douce, peuvent être assujettis au droit d'octroi, suivant les usages locaux, soit à raison de leur valeur vénale, soit à raison du nombre ou poids, soit par paniers, barils ou tonneaux (ibid. art. 19).

113. Sont compris dans la 3e division, 1° toute espèce de bois à brûler, les charbons de bois et de terre, la houille, la tourbe, et généralement toutes les matières propres au chauffage; 2° les suifs, cires et huiles à brûler (ibid. art. 20).

114. La quatrième division comprend les pailles, foins et tous les fourrages verts ou secs de quelque nature, espèce ou qualité qu'ils

soient. Le droit doit être réglé par botte ou au poids (ibid. art. 21).

115. Sont compris dans la cinquième division, les bois soit en grume, soit équarris, façonnés ou non, propres aux charpentes, constructions, menuiserie, ébénisterie, tour, tonnellerie et charronage (ibid. art. 22).

116. Y sont également compris les pierres de taille, moellons, pavés, ardoises, tuiles de toute espèce, briques, craies et plâtres (ibid).

117. Pour toutes les matières désignées ci-dessus, les droits doivent être imposés par hectolitre, kilogramme, mètre cube ou carré ou stère, ou par fraction de ces mesures. Cependant, lorsque les localités où la nature des objets l'exigent, le droit peut être fixé au cent ou au millier, ou par voiture, charge ou bateau (ib. art. 23).

118. Les objets récoltés, préparés ou fabriqués dans l'intérieur d'un lieu soumis à l'octroi, ainsi que les bestiaux qui y sont abattus, sont toujours assujettis par le tarif au même droit que ceux introduits de l'extérieur (ibid. art. 24).

119. Aux termes du décret du 7 octobre 1807, l'article du produit de l'octroi doit être conçu comme il suit :

Produit brut de l'octroi.....
Frais de perception ou régie
Produit net restant...

Les frais de perception y seront détaillés par nombre d'individus de chaque grade.

120. *Location des places aux halles, foires et marchés.*

Les projets de tarif et de règlement votés par le conseil municipal, revêtus de l'avis du sous-préfet, deviennent définitivement exécutoires par l'approbation du Ministre de l'intérieur.

121 Le Ministre refuserait cette autorisation si le tarif, au lieu d'établir la taxe à raison de la superficie du terrain, imposait cette même taxe à raison de la nature et de la quantité de la marchandise. Ainsi, il ne faudrait pas dire,

Vaches par tête, tant.....

Foin, par cent de bottes, tant

Mais il faut dire :

Vaches par mètre carré, tant

Foin, par mètre carré, tant

Le mode d'affermage est au surplus le même que celui des revenus provenant d'immeubles communaux.

122. On ne distraira du produit des halles et marchés, lequel sera toujours porté divisément, ni les frais d'entretien porté au chapitre des dépenses ordinaires, page 67, ni ceux d'inspecteur, etc. qui sont payés ou sur les 50 centimes pour frais d'administration, ou d'après une allocation spéciale au même chapitre.

123. *Produit d'expéditions d'actes de l'état civil et d'actes administratifs.*

Un décret du 12 juillet 1807, fixe ce droit, 1° à 30 centimes pour chaque expédition 1ère ou ultérieure d'un acte de naissance, de décès et de publication de mariage; 2° à 60 centimes pour celles des actes de mariage, d'adoption ou de divorce: le tout indépendamment du prix du papier timbré.

124. Le droit pour les expéditions des actes administratifs n'est pas dû pour la première expédition délivrée aux parties, mais seulement pour les secondes ou ultérieures expéditions.

Ce droit est de 75 centimes par rôle.

125. Le produit des actes de l'état civil et des secondes expéditions des actes administratifs sera toujours établi séparément. On ne permettra pas de porter au budget le résultat d'une sorte d'abonnement, de manière que ce produit soit toujours le même; c'est le montant des sommes réellement perçues qui doit être inscrit.

126. Ces droits sont perçus au profit des communes et non des employés des mairies.

127. *Indemnités payées pour les hommes de la garde nationale âgés de 50 ans.*

On inscrira à cet article les indemnités pour dispenses de service. Ces indemnités doivent être perçues par le receveur municipal sur l'extrait de rôle des dispenses de service, et formeront dans la caisse un fonds spécial pour les dépenses de la garde nationale, dont l'emploi est réglé par le Préfet. Cette perception est autorisée par l'article 34 de l'ordonnance royale du 17 juillet 1816.

128. *Imposition pour salaire du garde champêtre.*

Dans toutes les communes où le salaire du garde champêtre ne peut être acquitté sur les revenus communaux ou par une souscription volontaire, la somme qui manque est répartie sur les propriétaires ou exploitans de *fonds non clos*, au centime le franc de la contribution foncière de chacun d'eux, en conformité de l'article 3 de la section 7 de la loi du 6 octobre 1791, concernant les biens et usages ruraux et la police rurale (décret du 23 fructidor an 13, art. 10).

129. *Excédent de recette* présumé sur *l'exercice précédent.*

CHAPITRE VI.

RECETTES EXTRAORDINAIRES.

130 *Impositions extraordinaires pour couvrir le déficit sur les dépenses ordinaires.*

131. Idem *pour.....*

132. Idem, *pour couvrir l'insuffisance des moyens affectés à la restauration des chemins communaux* (voir ci-après).

CHAPITRE VII.

DÉPENSES ORDINAIRES.

CHAP. Ier. Frais d'administration. — Traitemens. — Salaires.

133. *Abonnement au Bulletin des lois......*

(Le prix est, pour les communes, de 6 fr. par an).

134. *Salaire du messager ou piéton de la sous-préfecture.*

(Ce salaire est payé en commun par toutes les communes desservies par cet agent).

135. *Impressions à l'usage des communes.*

136. *Timbre et reliure des registres de l'état civil.*

137. *Frais de bureau du maire, y compris le tambour et l'afficheur.*

138. *Traitement du secrétaire de la mairie.*

Nota. Ces deux articles ne concernent que les communes rurales.

139. *Frais de bureau et frais de la mairie fixés à raison de 50 centimes par habitant.*

S'il paraissait indispensable d'obtenir un supplément, on ne pourrait le demander qu'en joignant un état détaillé des frais d'administration (circulaires ministérielles).

(Ce mode de paiement de frais de bureau n'est en usage que dans les villes).

140. *Traitement du receveur municipal.*

Les traitemens des receveurs municipaux des communes qui ont 10,000 fr. ou plus de revenus, ne doivent pas excéder les proportions suivantes ; savoir :

A raison de 4 pour 100 sur les premiers 20,000 fr. des recettes ordinaires dans les communes dont les recettes sont confiées au percepteur des contributions ;

A raison de 5 p. 100 sur les premiers 20,000 fr. des recettes ordinaires dans les communes où les recettes sont confiées à des receveurs spéciaux ;

Et dans toutes les communes à raison d'un p. 100 sur les sommes excédant 20,000 fr. jusqu'à un millon, et demi pour cent sur celles qui s'élèvent au-delà d'un millon (décret du 24 août 1812, art. 1er).

141. Ces tarifs ne sont qu'énonciatifs du maximum des traitemens. Ils sont réglés définitivement dans le budget de chaque ville sur la proposition nécessaire du conseil municipal, l'avis du sous-préfet et l'avis du Préfet, conformément à l'art. 7 du décret du 30 frimaire an 13.

142. Les recettes municipales dans les com-

munes dont les revenus ne s'élèvent pas à 20,000 fr. continuent à être réunies à la perception des contributions (ibid. art. 3).

143 *Timbres des livres de comptes....*

144. *Traitement du commissaire de police.*

Dans les villes de 40,000 âmes et au-dessus, ce traitement est de 1.800 fr.; de 1,500 fr. dans les villes de 25,000 âmes jusqu'à 40,000 ; de 1,200 fr. dans celles de 15,000 âmes jusqu'à 25,000 ; de 1,000 fr. dans celle de 10,000 à 15,000 âmes; de 800 fr. dans les villes au-dessous de 10,000 âmes (arrêté du 23 fructidor an 9, art. 2).

145. Dans les villes qui ont moins de 10,000 âmes de population, le traitement n'est fixé définitivement que sur l'avis du Préfet et après que le conseil municipal a émis son vœu.

146. Les conseils municipaux des villes au-dessus de 10,000 âmes peuvent néanmoins faire au Gouvernement sur la fixation du traitement de leurs commissaires de police telles observations qu'ils jugeront convenables (ibid. art. 5).

147. On ne proposera point, pour les commissaires de police, de traitemens supérieurs au maximum des fixations établies par le décret du 22 mars 1813 etc., à moins qu'il n'existe un acte particulier qui sera cité. On n'inscrira non plus aucun autre article spécial à leur égard (circulaires ministérielles).

148. *Frais du bureau des commissaires de police.*

Il est accordé à ces commissaires une indemnité à titre de frais de bureau, laquelle est réglée d'après les bases suivantes, savoir : à Paris 2,000 fr. ; dans les villes de 100,000 habitans à 800 fr.; de 40,000 et au-dessus à 600 fr.; de 25,000 à 40,000 à 450 fr.; de 15 à 25,000 à 350 fr.; de 10,000 à 15,000 à 250 fr; et au-dessous de 10,000 à 210 fr. (décret du 22 mars 1813).

149. *Traitemens des agens de police.*

150. *Traitement de l'architecte.*

On fera connaître si l'architecte de la ville en est aussi le voyer. Il est bien, en général, de réunir ces deux fonctions. Le talent et la probité sont les conditions nécessaires du choix à faire des architectes. La partie de dépenses qui leur est confiée est une source d'abus et de dilapidations dans des mains inhabiles ou infidèles.

151. *Traitemens des gardes champêtres.*

Le maximum de ces traitemens varie selon les localités.

Dans le département de Seine-et-Marne, il est fixé à 400 fr.

152. *Gages des portiers.*

Les seuls portiers pour lesquels on puisse proposer une allocation spéciale sont *ceux des villes*. Le salaire des portiers de l'hôtel-de-ville ou autres bâtimens de la mairie fait partie des frais d'administration (circul. ministérielles).

CHAP. 2. CHARGES ET ENTRETIEN DES BIENS COMMUNAUX. — SALUBRITÉ ET SURETÉ. — PETITE VOIRIE.

153. *Contributions.*

Une décision du Ministre des finances du 28 septembre 1808, a statué sur la partie à distraire des contributions en ce qui concerne lès bâtimens communaux affectés à un service public.

DISPOSITIONS GÉNÉRALES CONCERNANT LES TRAVAUX A LA CHARGE DES COMMUNES.

154. Les réparations, reconstructions et constructions de bâtimens appartenant aux communes, hôpitaux et fabriques, soit qu'il ait été pourvu à la dépense sur les revenus ordinaires de ces communes ou établissemens, soit qu'il ait été pourvu au moyen de nouveaux droits, d'emprunts, de contributions extraordinaires, d'aliénations ou par toute autre voie autorisée par le Roi, pourront désormais être adjugées et exécutées sur la simple approbation du Préfet.

155. Cependant, quand la dépense des travaux de construction ou reconstruction à entreprendre s'élèvera au-dessus de 20, 000 fr., les plans et devis devront être soumis au Ministre de

l'intérieur (ordonnance royale du 8 août 1821, art. 4).

156. Les constructions et reconstructions autorisées dans les formes légales ne pourront être adjugées qu'en présence du Préfet, du sous-préfet, ou du maire, après deux publications par affiches, et par voie d'adjudication publique au rabais entre les entrepreneurs dont les soumissions, déposées au secrétariat de l'administration, auront été dans le cas d'être admises à concourir et présenteront une garantie suffisante pour l'exécution : l'adjudication ne sera, au surplus, définitive qu'après avoir été ratifiée par le Préfet ou sous-préfet. Pourra l'adjudicataire, jusqu'à la notification de cette ratification, se désister de son adjudication, en consignant la différence qui se trouvera entre ses offres et celles du dernier moins disant (décret du 10 brum. an 14, concernant les établissemens de charité, rendu applicable aux communes, art. 3).

157. Relativement aux réparations ordinaires et réputées locatives et de simple entretien, elles seront adjugées dans la forme prescrite par l'art. précédent, après avoir été autorisées par une délibération des administrateurs réunis en assemblée générale (ou des conseils municipaux), et approuvées par le Préfet (ib. art. 2).

158. On exceptera de la forme d'adjudication

publique, mais seront toujours délibérées par l'administration comme en l'art. précédent, les réparations qui n'excèderont pas mille francs, lesquelles, en pareil cas, pourront être ordonnées par ladite administration (*ou votées par les conseils municipaux*) et exécutées sans autre formalité qu'une visite et un devis estimatif de l'architecte de l'établissement, et en outre, à la charge par l'administration (le maire) de faire approuver par le Préfet ou le sous-préfet celles qui excèderont 300 fr. (ibid. art. 5).

159. Après dix ans l'architecte et les entrepreneurs sont déchargés de la garantie des gros ouvrages qu'ils ont faits ou dirigés (code civil, art. 2270).

160. *Loyer ou entretien de la maison commune.*

161. *Remontage et entretien de l'horloge.*

162. *Réparations annuelles à faire au pavé des villes ou aux rues des villages.*

Les conseils municipaux sont autorisés à examiner si, suivant l'ancien usage, on peut charger les propriétaires des maisons de la dépense du pavé, dans les rues qui ne sont pas traverses de grandes routes (circulaires ministérielles).

163. *Entretien des halles et marchés.*

C'est à tort que dans quelques budgets on ne propose aucune somme pour l'entretien des halles et marchés. Les frais concernant ces établissemens ne doivent pas être prélevés sur leurs produits. Les communes, étant autorisées par la loi du 11 frimaire an 7, à percevoir un droit de location, ne doivent pas négliger de profiter de ce revenu (circulaires ministérielles).

164. *Entretien des promenades et pépinières.*

On fera connaître distinctement à cet article ce qui concerne l'entretien, le nombre, le salaire des jardiniers. On indiquera aussi quelles ressources elles produisent, soit par l'émondage des arbres, soit par les pépinières qui en font partie (circulaires ministérielles).

165. *Entretien des aqueducs, fontaines, puits et lavoirs publics.*

166. Id. *Ponts et ponceaux situés sur la petite voirie.*

167. *Curage des rivières, rûs et ruisseaux.*

Il faudra indiquer s'il a lieu annuellement ou à des intervalles plus éloignés. Dans ce cas, la dépense devra être portée au titre. DEP. EXTRA.

168. *Eclairage de la ville.*

Il faudra indiquer avec précision, d'après le procès verbal d'adjudication, la durée de l'éclairage pendant le cours de l'année, le nombre de becs employés ; le prix par bec et par heure (circulaires ministérielles).

169. *Pompes à incendie.*

170. *Enlèvement des boues.*

Un très-grand nombre de villes y trouvent un objet de revenu : dans beaucoup d'autres c'est une charge considérable.

CHAP. 3. CULTE.

171. *Indemnité de logement au desservant à défaut de presbytère.*

172. *Indemnité de pied-à-terre* (pour les communes qui n'ont pas de desservant).

173. *Supplément de traitement au desservant.*

Une décision ministérielle permet d'accueillir les votes des conseils municipaux de chacune des communes de la succursale, pourvu que ces votes réunis n'excèdent pas 350 fr.

174. *Entretien de l'église.*

Les églises sont propriétés communales (avis du conseil d'Etat du 2 pluviôse an 13).

175. Id. *Du presbytère.*
176. Id. *Du cimetière.*

177. *Supplément à l'insuffisance des revenus de la fabrique.*

Observations communes aux quatre articles précédens.

178. Il est bon de faire observer qu'aux termes de l'art. 37 du décret du 30 décembre 1809, les charges de la fabrique sont, 1° de fournir aux frais *nécessaires au culte ;* 2° de payer l'hono-

raire des prédicateurs de l'avent, du carême et autres solennités ; 3° de pourvoir à la décoration et aux dépenses relatives à l'embellissement intérieur de l'église ; 4° de veiller à l'entretien des églises, presbytères et cimetières, et en cas d'insuffisance des revenus de la fabrique, de faire toutes diligences nécessaires pour qu'il soit pourvu aux réparations et constructions, comme il sera réglé ci-après.

179. Les charges des communes relativement au culte sont, 1° de suppléer à l'insuffisance des revenus de la fabrique pour les charges portées en l'art. 37 rapporté ci-dessus ; 2° de fournir au curé ou desservant un presbytère, ou à défaut de presbytère un logement, ou à défaut de presbytère et de logement une indemnité pécuniaire ; 3° de fournir aux grosses réparations des édifices consacrés au culte (décret du 30 décembre 1809 ; art. 92.)

180. Dans les cas où les communes sont obligées de suppléer à l'insuffisance des revenus des fabriques pour ces deux premiers chefs, le budget de la fabrique sera porté au conseil municipal dûment convoqué à cet effet, pour y être délibéré ce qu'il appartiendra, etc. (ibid. art. 93).

181. Le Préfet (lorsqu'il s'agira des réparations de bâtimens de quelque nature qu'elles soient), nommera des gens de l'art, par lesquels, en présence de l'un des membres du

conseil municipal et de l'un des marguillers, il sera dressé, le plus promptement qu'il sera possible, un devis estimatif des réparations. Le Préfet soumettra ce devis au conseil municipal, et sur son avis, ordonnera, s'il y a lieu, que ces réparations soient faites aux frais de la commune, et en conséquence, qu'il soit procédé, par le conseil municipal, en la forme accoutumée, à l'adjudication au rabais (ibid. art. 95).

182. Si le conseil municipal est d'avis de demander une réduction sur quelques articles de dépenses de la célébration du culte, et dans le cas où il ne reconnaîtrait pas la nécessité de l'établissement d'un vicaire, sa délibération en portera les motifs (ibid. art. 96).

183. Toutes les pièces seront adressées à l'Evêque qui prononcera (ibid.).

184. Dans le cas où l'Evêque prononcerait contre l'avis du conseil municipal, ce conseil pourra s'adresser au Préfet, et celui-ci enverra, s'il y a lieu, toutes les pièces au Ministre des cultes, pour être, par le Roi, sur son rapport, statué, en conseil d'Etat, ce qu'il appartiendra (ibid. art. 97).

185. Dans le cas où il y a lieu à convocation du conseil municipal, si le territoire de la paroisse comprend plusieurs communes, le conseil de chaque commune sera convoqué et délibérera séparément (ibid. art. 102).

PRODUIT DE LOCATIONS DE PARTIES SUPERFLUES DU PRESBYTÈRE.

186. A l'avenir, aucune distraction de parties superflues d'un presbytère, pour un autre service, n'aura lieu sans l'autorisation spéciale du Roi, le conseil d'Etat entendu etc. (ordonnance royale du 3 mars 1825, art. 1er).

187. Toutefois, il n'est point dérogé aux emplois et dispositions régulièrement faits jusqu'à ce jour (ibid.).

188. Les curés ou leurs vicaires, ainsi que les desservans, autorisés par leur Evêque à biner dans les succursales vacantes, ont droit à la jouissance des presbytères et dépendances, tant qu'ils exercent régulièrement ce double service. Ils ne peuvent en louer tout ou partie qu'avec l'autorisation de l'Evêque (ib. art. 2).

189. Dans les communes qui ne sont ni paroisses ni succursales, et dans les succursales où le binage n'a pas lieu, les presbytères et dépendances peuvent être amodiés, mais sous la condition expresse de rendre immédiatement les presbytères des succursales, s'il est nommé un desservant, ou si l'Evêque autorise un curé, vicaire ou desservant voisin à y exercer le binage (ibid. art. 3).

190. Le produit de cette location appartient à la fabrique, si le presbytère et ses dépendances lui ont été remis en exécution de la loi du

8 avril 1802 ; de l'arrêté du Gouvernement du 26 juillet 1803 ; des décrets des 30 mai et 31 juillet 1806 ; si elle en fait l'acquisition sur ses propres ressources, ou s'ils lui sont échus par legs ou donations : le produit appartient à la commune, quand le presbytère et ses dépendances ont été acquis ou construits de ses deniers, ou quand il lui en a été fait legs ou donation (ibid. art. 4).

CHAP. 5 *Dépenses relatives à l'instruction publique et aux beaux-arts.*

191. *Colléges.* Les bâtimens des colléges royaux et communaux, ainsi que ceux des académies sont entretenus annuellement aux frais des villes où ils sont établis (décret du 27 décembre 1808, art. 23).

192. Un bureau d'administration, composé du sous-préfet, du maire et de trois notables au moins, nommé par le conseil de l'Université, entend et juge définitivement les comptes des colléges communaux

Les communes payent les bourses communales et les sommes qu'elles accordent à titre de secours à leurs colléges ; à cet effet, le montant de ces sommes est porté à leur budget parmi les dépenses fixes (ordonnance du 17 février 1815, art. 34).

193. *Indemnités de logement aux instituteurs et institutrices.*

194. *Supplément de traitement aux mêmes.*

Le nombre des instituteurs et institutrices sera indiqué. S'il s'agit de l'établissement des Frères de la doctrine chrétienne, on justifiera qu'ils ont reçu leur diplôme de la commission d'instruction publique; s'il s'agit de dames ou de sœurs, que leurs statuts ont été approuvés, et que leur exercice dans la ville a été autorisé par le Gouvernement. On ne peut former ces établissemens avant que les dépenses proposées aient été allouées au budget. Ceci concerne également tout établissement d'agent ou d'employé des communes, ou de salarié sur leurs fonds (circulaires ministérielles).

195. Toute commune sera tenue de pourvoir à ce que les enfans qui l'habitent reçoivent l'instruction primaire, et à ce que les enfans indigens la reçoivent gratuitement (ordonnance royale du 29 février 1816, art. 14).

196. Deux ou plusieurs communes voisines pourront, quand les localités le permettront, et avec l'autorisation de l'Évêque, se réunir pour entretenir une école en commun. Les communes pourront aussi traiter avec les instituteurs volontaires établis dans leur enceinte pour que les enfans indigens suivent gratuitement l'école (ibid. 15).

197. Les communes pourront également traiter avec les maîtres d'école, pour fixer le

montant des rétributions qui leur seront payées par les parens qui demanderont que leurs enfans soient admis à l'école.

198. Dans ce cas, le conseil municipal fixera le montant de la rétribution à payer par les parens, et arrêtera le tableau des indigens dispensés de payer (ibid. art. 16).

CHAP. 6. *Secours aux établissemens de charité. — Pensions.*

199. *Secours accordés aux hospices.*

200. *Pensions d'aliénés.*

Ceux dont les familles auront été reconnues hors d'état de subvenir à leur entretien, seront à la charge de la commune, si celle-ci présente des ressources suffisantes; dans le cas contraire, ils tombent à la charge du département (arrêté du Ministre de l'intérieur du 6 novembre 1815).

201. *Bureaux de charité* (ou *secours à domicile à défaut du bureau de charité*).

On fera connaître, dans le cahier d'observations, quel est le nombre d'indigens secourus à domicile.

202. *Pensions.*

Il faut rappeler la date du décret ou de l'ordonnance qui a autorisé chaque pension (voyez *Objets divers*, chap. 2).

203. CHAP. 7. *Fêtes publiques:* — Dépenses imprévues.

On demandera un crédit pour fêtes publiques ; un autre pour dépenses imprévues ; un troisième pour pareilles dépenses à la disposition du Préfet (circulaires ministérielles).

204. Les maires doivent se circonscrire avec soin dans les limites que leur trace le premier crédit : il ne peut être dépassé que dans le seul cas de fêtes extraordinaires ; et autant qu'il est possible, il faut alors allouer l'excédant sur le second fonds, de manière à ne pas empêcher qu'il reçoive sa destination : on ne disposera de celui-ci qu'avec l'autorisation spéciale du Préfet pour chaque objet (circul. ministérielles).

TITRE 2.

OBJETS DIVERS.

CHAPITRE Ier.

RECEVEURS MUNICIPAUX. — NOMINATION.

205. Dans tous les cas de vacance pour les places de receveurs, le conseil municipal présente trois candidats.

La liste, avec l'avis du sous-préfet et du Préfet est adressée au Ministre des finances, qui présente à la nomination du Roi le sujet qu'il croit mériter le mieux la confiance de S. M. (décret du 28 février 1811, art. 2).

206. Les recettes municipales, dans les villes dont les revenus ne s'élèvent pas à 20,000 fr., continuent d'êtres réunies à la perception des contributions. Les percepteurs peuvent aussi, sur la proposition des conseils municipaux, être chargés de la recette des deniers communaux dans les villes dont les revenus s'élèvent au-dessus de 20,000 fr. (décret du 24 août 1812, art. 3).

CHAPITRE II.

PENSIONS.

207. Le décret du 4 juillet 1806, concernant les pensions de retraite des employés du Ministère de l'intérieur est applicable aux employés des communes (avis du conseil d'Etat du 17 novembre 1811).

208. Ces pensions sont accordées par une ordonnance royale, d'après l'avis des conseils municipaux, etc. (décret du 4 juin 1809).

CHAPITRE III.

ACQUISITIONS, ÉCHANGES, ALIÉNATIONS.

Règles générales.

209. Les communes ne peuvent acheter, ven-

dre, échanger ou concéder à bail emphytéotique, aucun immeuble, sans y avoir été préalablement autorisées par une ordonnance royale, sous peine de nullité de la vente ou de l'échange (lois du 24 avril, 2 mai 1793, art. 21 et du 2 prairial an 5.).

210. Les formalités à suivre pour obtenir cette autorisation sont les mêmes que celles indiquées ci-après page 182, art. 216.

211. Les ventes doivent être faites par-devant notaire, en présence du Préfet, du sous-préfet ou du maire, après publications faites dans les formes prescrites par l'art. 683 du code de procédure civile, et par voie d'adjudication aux enchères entre les concurrens dont les soummissions déposées au secrétariat de l'administration auront été jugées admissibles.

Si des circonstances particulières exigeaient des exceptions à la règle des enchères, les Préfets donneraient au Ministre, avec leur avis, les renseignemens qui pourraient les justifier (instructions).

CHAPITRE IV.

CHEMINS COMMUNAUX.

Reconnaissance et largeur.

212. L'administration publique fera rechercher et reconnaître les anciennes limites des

chemins communaux, et fixera, d'après cette reconnaissance, leur largeur suivant les localités ; sans pouvoir, cependant, lorsqu'il sera nécessaire de l'augmenter, la porter au-delà de six mètres, ni faire aucun changement aux chemins communaux qui excèdent actuellement cette dimension (loi du 19 ventôse an 12, art. 9).

213. L'état dressé par le maire, et les réclamations auxquelles il pourra avoir donné lieu de la part des habitans, seront soumis au conseil municipal, qui devra vérifier les faits énoncés par le maire, et délibérer tant sur les dispositions proposées par celui-ci, que sur les difficultés ou réclamations élevées par les habitans. Il donnera son avis sur les élargissemens à faire, et il établira, d'après le vœu ou l'absence des titres, s'ils doivent s'opérer à titre gratuit sur les propriétés contigües, ou si la commune doit payer la valeur des terrains à acquérir.

Ni la loi du 9 ventôse an 12, ni aucune autre ne déroge aux principes conservateurs des propriétés privées, et si le besoin public exige qu'on prenne une portion de ces propriétés, la loi veut qu'on indemnise préalablement les propriétaires (instruction ministér. du 7 prairial an 13).

214. Les chemins reconnus par un arrêté du Préfet, sur une délibération du conseil munici-

pal, pour être nécessaires à la communication des communes, sont à la charge de celles sur le territoire desquelles ils sont établis, sauf le cas prévu par l'art. 9 ci-après (loi du 28 juillet 1824, art 1er).

Voyez *Réparations*.

Acquisitions, échanges et aliénations.

215. Les acquisitions, aliénations et échanges, ayant pour objet les chemins communaux, seront autorisés par arrêtés des Préfets, en conseils de Préfecture, après délibération des conseils municipaux intéressés, et après enquête de *commodo et incommodo*, lorsque la valeur des terrains à acquérir n'excèdera pas trois mille francs (loi du 28 juillet 1824, art. 10).

216. Lorsqu'il y aura lieu de proposer au conseil municipal une acquisition, aliénation ou échange ayant pour objet des chemins communaux, le maire se fera remettre par la partie intéressée une promesse de vente, acquisition ou échange (arrêté du Préfet de Seine-et-Marne du 17 décembre 1824, art. 35).

217. Si le conseil municipal accepte la transaction proposée, le maire fera dresser le plan des lieux et procéder tant à l'arpentage des terrains qu'à leur estimation par deux experts nommés l'un par lui, l'autre par le particulier avec lequel il s'agira de contracter (ibid. art. 36).

218. Elle sera acceptée, s'il y a lieu, tant par le maire, au nom de la commune, que par la partie contractante (ibid.).

219. Après l'estimation, si le maire et la partie contractante y adhèrent, il sera procédé à une enquête de *commodo et incommodo*.

Toutes les pièces seront ensuite envoyées au sous-préfet de l'arrondissement (ibid, art. 37).

RÉPARATIONS.

Principes généraux.

220. Les chemins reconnus, par un arrêté du Préfet, sur une délibération du conseil municipal, pour être nécessaires à la communication des communes, sont à la charge de celles sur le territoire desquelles ils sont établis, sauf le cas prévu par l'article 9 ci-après (loi du 28 juillet 1824, art. 1er).

221. Lorsque les revenus des communes ne suffisent point aux dépenses ordinaires de ces chemins, il y est pourvu par des prestations en argent ou en nature, au choix des contribuables (ibid. art 2).

222. Tout habitant, chef de famille ou d'établissement, à titre de propriétaire, de régisseur, de fermier ou de colon partiaire, qui est porté sur l'un des rôles des contributions directes, peut être tenu, pour chaque année, 1°

à une prestation qui ne peut excéder deux journées de travail, ou leur valeur en argent, pour lui et chacun de ses fils vivant avec lui, ainsi que pour chacun de ses domestiques mâles, pourvu que les uns et les autres soient valides et âgés de vingt ans accomplis ;

2° A fournir deux journées au plus de chaque bête de trait, de chaque cheval de selle ou d'attelage de luxe, et de chaque charrette en sa possession, pour son service ou pour le service dont il est chargé (ibid. art. 3).

Motifs d'exemption légale.

223. 1° Le défaut d'âge ;

2° L'état de fille ou de femme veuve ;

3° L'invalidité physique permanente et la vieillesse.

Les personnes exemptées *personnellement* ne sont pas moins tenues à la prestation aux autres titres prévus par les 2 paragraphes de l'art. 3 ci-dessus (inctructions).

224. Il n'est pas nécessaire d'être imposé à la contribution personnelle ou mobilière, ni d'avoir son principal établissement dans la commune, pour être tenu à la prestation, il suffit d'y occuper une habitation à titre de propriétaire ou de locataire, quelque soit d'ailleurs la durée du séjour, pourvu, néanmoins, que l'on soit imposé à l'une des quatre contributions

(décision du Ministre de l'intérieur du 7 décembre 1824).

225. L'acception du mot *domestique* employée par la loi, comprenant à la fois les services domestiques d'un ordre élevé et les services domestiques d'un ordre subalterne (les uns et les autres subordonnés à la volonté du maître), cette expression embrasse les secrétaires, précepteurs, intendans, régisseurs, concierges, etc., aussi bien que les compagnons et les apprentis, et enfin les domestiques subalternes tels qu'ils sont connus, dans l'acception vulgaire, pour le service de la maison, ou pour celui de la ferme, comme charretiers, bergers, compagnons, etc., ou d'une exploitation quelconque, et qui reçoivent des gages annuels (instructions).

226. Indépendamment des prestations auxquelles leur maître est tenu pour eux, les domestiques chefs de famille et habitans de la commune, doivent les deux journées de travail pour chacun de leurs fils qui remplissent d'ailleurs les conditions de la loi (ibid.).

227. Les ouvriers, laboureurs ou artisans généralement connus sous la dénomination de gens de travail, qu'ils travaillent à la journée ou à la tâche, pour l'agriculture ou l'industrie, ne sont pas rangés parmi les serviteurs domestiques, et sont imposables pour leur compte;

s'ils sont dans la position prévue par la loi (ib.).

228. Les bêtes de trait ou de somme possédées pour le commerce par un habitant en sa qualité de marchand de chevaux, bœufs, etc., les animaux destinés pour la boucherie, les jumens exclusivement destinées à la reproduction, si par leur âge elles ne sont pas encore livrées à un service, ou si par cette cause ou toute autre, elles ont cessé d'y être, ne sont pas soumises à la prestation (ibid.).

229. Si cependant la destination pour le commerce, la consommation ou la reproduction n'est pas absolue et permet au possesseur d'en retirer en même-temps un service de la nature de ceux que la loi a eu en vue, la prestation sera due, sauf à déterminer, par évaluation ou par abonnement avec le possesseur, le nombre qu'il devra fournir (ibid.).

Chemins intéressant plusieurs communes.

230. Lorsque le chemin intéresse plusieurs communes et en cas de discord entre elles, sur la proportion de cet intérêt ou des charges à supporter, ou en cas de refus de subvenir auxdites charges, le Préfet prononce, en conseil de préfecture, sur la délibération des conseils municipaux, assistés des plus imposés, ainsi qu'il est dit en l'art. 5 (loi du 28 juillet 1824, art. 9).

231. La délibération indiquera 1° la dénomination usitée du chemin ; 2° son point de départ ; 3° les communes dont il traverse le territoire jusqu'à son point de réunion avec une route royale ou départementale ; 4° sa largeur et sa longueur développées sur chaque territoire, sinon exactement, du moins par approximation ; 5° son utilité comparée à celle de tout autre chemin, qui, sans aboutir au même point, conduirait néanmoins à la même route ; 6° l'état de dégradation dans lequel il se trouve sur chaque territoire ; 7° l'exposé des autres motifs qui lui font donner la préférence sur les autres chemins également en mauvais état de réparation ; 8° et l'aperçu de la dépense qu'entraînera la réparation dans toute sa longueur avec la distinction de la portion présumée à la charge de chaque commune, de manière que les fractions partielles réunies se rapportent à la somme totale (instructions).

Chemin n'intéressant qu'une commune.

232. La délibération contiendra, outre le lieu où le chemin aboutit, les renseignemens énoncés en l'art. 225, sous les n°s 1, 2, 4, 5, 7 et 8 (ibid.).

Tarif de la conversion en argent des journées de prestation.

233. On fixera un prix distinct 1° pour cha-

que journée d'homme ; 2° pour chaque journée de bête de trait, de cheval de selle ou d'attelage de luxe ; 3° par chaque journée de charrette ou tombereau non attelé, ou bien, selon les habitudes locales, pour la journée de charrette ou tombereau attelé de tant de chevaux.

Il convient que le prix de la journée d'homme n'excède pas le taux fixé par le conseil général pour l'assiette de la contribution personnelle.

Prestation des cinq centimes.

234. En cas d'insuffisance des moyens ci-dessus (art. 215 et 216), il pourra être perçu sur tout contribuable jusqu'à cinq centimes additionnels au principal de ses contributions directes (loi du 28 juillet 1824. art. 4).

235. Les prestations et les cinq centimes mentionnés en l'article précédent seront votés par les conseils municipaux, et (pour les cinq centimes) avec l'assistance des plus imposés (ibid. art. 5).

236. Si des travaux indispensables exigent qu'il soit ajouté, par des contributions extraordinaires, au produit des prestations, il y sera pourvu, conformément aux lois, par des ordonnances royales (ibid.).

237. Des subventions particulières réglées sur la demande des communes par les conseils de préfecture, seront accordées 1° pour les

dégradations commises par des exploitations de mines, carrières, forêts, etc.; 2° pour la contribution des propriétés de l'Etat et de la Couronne aux mêmes réparations (ibid. art. 7 et 8).

Elargissement ou ouverture de chemins.

238. Seront aussi autorisés par les Préfets, dans les mêmes formes, (voy. *acquisitions*, etc.) les travaux d'ouverture et l'élargissement desdits chemins, et l'extraction des matériaux nécessaires à leur établissement, qui pourront donner lieu à des expropriations pour cause d'utilité publique, en vertu de la loi du 28 mars 1810, lorsque l'indemnité due pour les terrains ou pour les matériaux n'excèdera pas la somme de 3,000 f. (loi du 28 juillet 1802, art. 410).

Nota. Une ordonnance continue a être nécessaire pour les acquisitions, lorsque la valeur des immeubles excède 3,000 fr.

CHAPITRE V.

CURAGE DES RUS, RUISSEAUX ET FOSSÉS.

239. Lorsque les maires reconnaissent la nécessité de curer les ruisseaux, fossés ou vidanges, soit pour prévenir les dégâts des inondations auxquelles les propriétés voisines seraient exposées faute d'écoulement, soit pour préser-

ver les communes de l'influence malfaisante des eaux en stagnation, le conseil municipal, légalement assemblé, doit émettre son vœu et faire connaître, dans sa délibération, quels sont les anciens usages locaux, s'il en existe, pour effectuer ces curages (instruction du 1er septembre 1808 précitée, page 134).

CHAPITRE VI.

COURS D'EAU.

240. Le propriétaire de la source ne peut en changer le cours lorsqu'il fournit aux habitans d'une commune, village ou hameau, l'eau qui leur est nécessaire; mais si les habitans n'en ont pas acquis ou prescrit l'usage, le propriétaire peut réclamer une indemnité, laquelle est réglée par experts (code civil art. 643).

CHAPITRE VII.

CURAGE DES CANAUX ET RIVIÈRES NON NAVIGABLES.

241. Il est pourvu au curage des canaux ou rivières non navigables, et à l'entretien des digues et ouvrages d'art qui y correspondent, de la manière prescrite par les anciens réglemens, ou

d'après les usages locaux (loi du 14 floréal, an 11, art. 1er).

242. Lorsque l'application des règlemens, ou l'exécution du mode consacré par l'usage éprouve des difficultés, ou lorsque les changemens survenus exigent des dispositions nouvelles, il y est pourvu par le Gouvernement, dans un règlement d'administration publique rendu sur la proposition du Préfet du département, de manière que la quotité de la contribution de chaque imposé soit toujours relative au degré d'intérêt qu'il aura aux travaux qui devront s'effectuer (ib. art 2).

243. L'imposition extraordinaire des sommes destinées auxdits travaux, sera autorisée par ordonnance royale, après l'accomplissement des formalités prescrites par les lois des 28 avril 1816 et 15 mai 1818, (ib. art. 3). (*v.* adjonction des plus imposés).

244. Toutes réclamations relatives aux travaux et aux impositions seront portées au conseil de préfecture, sauf le recours au conseil d'État (ib. art. 4).

Droits de pêche.

245. Un avis du conseil d'État approuvé le 30 pluviôse an 13, porte que le droit de pêche dans les rivières non navigables, ne peut, dans aucun cas, appartenir aux communes, et que ce droit est inhérent à la propriété des terrains qui les

bordent comme un dédommagement accordé aux propriétaires riverains de l'obligation de curer les rivières. Ce droit est indivisible.

CHAPITRE VIII.

ALIGNEMENS.

246. Les plans généraux d'alignement dans toutes les villes, devront être proposés d'après l'avis des conseils municipaux.

Lorsqu'ils seront approuvés, les constructions à faire sur les alignemens fixés ne pourront être entreprises, dans les rues anciennes, que quand les propriétaires feront abattre leurs maisons, ou bien y seront contraints à raison de la caducité des bâtimens ; et pour les rues nouvelles, que lorsque les villes auront les moyens d'acquérir les terrains sur lesquels les rues seront ouvertes.

Les réclamations contre les projets d'alignement généraux sont communiquées au conseil municipal, qui donne son avis (circul. ministérielles).

247. Tout propriétaire dépossédé pour cause d'utilité publique est indemnisé (conformément à l'art. 445 du code civil et à la loi du 8 mars 1810).

CHAPITRE IX.

BIENS COMMUNAUX.

Partage.

248. Les conseils municipaux sont appelés à émettre leur vœu sur les opérations y relatives.

Il existe sur cette matière les lois des 10 août 1792, 10 juin 1793, 21 prairial an 4, 9 ventôse an 12; les décrets des 9 brumaire, 22 frimaire et 4e jour complémentaire an 13, 20 juin 1806, 4 et 28 juillet 1807; et un avis du conseil d'État du 17 juillet 1808.

Mode de jouissance.

249. Le conseil municipal est compétant pour émettre un vœu à ce sujet, en se conformant à l'avis du conseil d'État du 9 brumaire an 13, et à celui du 29 mai 1808 (consulter aussi le décret du 20 juin 1806).

Vente.

250. Il existe sur cette matière la loi du 20 mars 1813 et les ordonnances royales des 6 juin 1814 et 16 juillet 1815.

Usurpation.

251. Il convient de consulter à ce sujet l'avis du conseil d'Etat du 3 juin 1809, et l'ordonnance royale du 23 juin 1819.

CHAPITRE X.

BOIS DES COMMUNES ET ÉTABLISSEMENS PUBLICS.

251. Ils sont tous soumis au même régime que les bois nationaux (arrêté du 9 ventôse an 10).

Produit des coupes dans les quarts de réserve.

253. Conformément à l'ordonnance de 1669 et à la loi du 29 septembre 1791, aucune coupe ne peut se faire dans les quarts de réserve des bois des communes, qu'en vertu d'ordonnances du Roi rendues sur le rapport du Ministre des finances (ordon. royale du 7 mars 1817, art. 1er).

254. Hors le cas de dépérissement des quarts de réserve, les coupes ne sont accordées que pour cause de nécessité constatée, et qu'en cas de guerre, incendie, grêle, inondations, épidémies, épizooties, ruines, démolitions, pertes et autres cas extraordinaires(ib. art. 2).

255. Les adjudications ont lieu par-devant les sous-préfets au chef-lieu d'arrondissement, en présence des agens forestiers et d'un représentant des communes ou des établissemens propriétaires, le tout d'après un cahier de charges concerté entre les agens forestiers et

l'administration que l'adjudication intéresse (ibid. art. 3).

256. Le prix des coupes est stipulé payable en traites aux échéances fixées par le cahier de charges. Les traites sont remises aux receveurs généraux de département chargés d'en faire le recouvrement sous leur responsabilité (ibid. art. 4).

257. Leurs remises et taxations ne peuvent excéder deux et demi pour cent du montant des traites, lorsque, pour la totalité des traites, elles ne s'élèvent pas au-dessus de 20,000 fr. ; elles ne seront prélevées, pour le surplus, qu'à raison d'un pour cent : le décompte en sera arrêté à la fin de chaque année par le Préfet (ibid. art. 6).

Les receveurs généraux sont tenus de verser à la caisse des dépôts et consignations le montant des traites à fur et mesure de leur échéance ; faute de quoi, ils sont comptables des intérêts des sommes touchées pour chaque jour de retard dans le versement (ibid. art. 7).

Consulter aussi, sur cette matière, l'ordonnance du 5 septembre 1821).

CHAPITRE XI.

PARTAGE DES BOIS D'AFFOUAGES.

258. Les partages de bois communaux se font

par feux, c'est-à-dire, par chefs de famille ayant domicile (avis du conseil d'Etat du 12 avril 1808).

259. Le droit d'affouage étant attaché à la qualité d'habitant, il est juste que ceux qui supportent les charges d'une commune, participent aux avantages dont jouissent les autres habitans. Ainsi, un maire est non recevable à prétendre que ce droit doit être restreint en faveur de tels ou tels habitans (décret du 21 décembre 1808).

260. Tout arrêté du conseil de préfecture qui ordonne l'exécution d'un *nouveau mode* d'affouage doit être annulé, s'il a été pris avant que ce nouveau mode ait été soumis à la sanction du conseil d'Etat par le Ministre de l'intérieur, dans les formes prescrites par le décret du 9 brumaire an 13, et par l'avis interprétatif du conseil d'Etat du 29 mai 1808 (décret du 7 octobre 1812).

261. Lorsqu'un expert, nommé par un conseil de préfecture, a procédé au règlement de l'affouage, en présence du maire et des habitans de chaque commune auxquelles peut appartenir ce droit, d'après les renseignemens à eux fournis et à raison des feux ou maisons d'habitation, il n'y a plus lieu de revenir sur une opération ainsi régulièrement faite, qui a été approuvée, après un mûr examen, par le conseil de préfecture, surtout lorsqu'elle n'est point criti-

quée par le plus grand nombre des parties intéressées, et que, depuis plusieurs années, elle a reçu une exécution pleine et entière (ordonnance royale du 22 novembre 18;5).

262. Les droits de vacations pour balivages et martelages ne sont dûs que pour les coupes qui se délivrent en nature et à titre d'affouages; leur perception doit tenir lieu du décime par franc à payer en sus du prix des coupes mises en vente. Elle ne peut en aucun cas être cumulée avec la perception du décime (circu. minist.).

CHAPITRE XII.

CHAPELLES ET ANNEXES.

263. Leur établissement doit être préalablement provoqué par une délibération du conseil municipal, et contenant l'engagement de doter le chapelain (décret du 13 septembre 1807, art. 9).

264. Les communes dans lesquelles une chapelle est établie, où il est pourvu au logement et au traitement du chapelain, et à tous les autres frais du culte, en vertu d'une délibération du conseil municipal, par des revenus communaux, ou par l'imposition de centimes additionnels, ne doivent contribuer en rien aux frais du culte paroissial (arrêté du conseil d'Etat du 14 décembre 1810, art 1er).

265. Les communes qui n'ont qu'une annexe où un prêtre va dire la messe, une fois par semaine, seulement pour la commodité de quelques habitans qui ont pourvu, par souscription, à son paiement, doivent contribuer aux frais du culte paroissial. (ibid. art. 2).

CHAPITRE XIII.

GARDES CHAMPÊTRES COMMUNAUX.

266. Le choix des gardes champêtres sera fait par les maires, et sera approuvé par les conseils municipaux. Le sous-préfet de l'arrondissement leur délivrera une commission (ordonn. royale du 29 novembre 1820, art. 1er).

267. Le changement ou la destitution des gardes champêtres ne pourra être prononcé que par le sous-préfet, sur l'avis du maire et du conseil municipal du lieu (ibid. art. 2).

CHAPITRE XIV.

GARDES FORESTIERS COMMUNAUX.

268. La commission des gardes des bois des communes, hospices ou autres établissemens publics, sera soumise, à l'avenir, par les administrateurs légaux desdites communes et établissemens, à l'approbation du conservateur de l'arrondissement.

Le conservateur délivrera au garde nommé une commission qu'il enverra à l'administration forestière pour être visée et enregistrée (loi du 9 floréal an 11, art. 10).

269. Lorsque l'administration forestière jugera convenable de confier au même individu la garde d'un canton de bois appartenant à des communes, hospices ou établissemens publics, la nomination sera faite par elle seule (ibid. art. 11).

270. Les gardes pourront être destitués par l'administration forestière s'il y a lieu (ibid. art. 14).

271. Il est pourvu au paiement de la contribution foncière, et aux frais de garde par la vente annuelle d'une portion suffisante des bois d'affouage.

Cette portion sera distraite de la coupe ordinaire avant toute distribution entre les habitans. La vente en sera faite aux enchères et pardevant l'administration municipale (loi du 11 frimaire an 7, art. 5).

272. A défaut d'affouages et de revenus suffisans pour subvenir à cette dépense, il y est pourvu par une imposition additionnelle votée en la forme ordinaire (loi du 31 janvier 1806, art. 1er).

CHAPITRE XV.

GARDES CHAMPÊTRES ET FORESTIERS DES PARTICULIERS.

273 Tout particulier a le droit d'avoir pour ses domaines un garde champêtre. Il sera tenu de le faire agréer par le conseil général de la commune et confirmer par le district (loi du 28 messidor an 3, art. 4).

Tout propriétaire a le droit d'avoir, pour la conservation de ses propriétés, un garde champêtre ou forestier.

Il est tenu de le faire agréer par l'administration municipale (loi du 3 brumaire an 4).

274. Un arrêt de la cour de cassation du 21 août 1823, a reconnu que cette première loi était encore en vigueur.

Le considérant de cet arrêt est ainsi conçu :

« Considérant qu'aux termes de l'art. 4 de la » loi du 20 messidor an 3, les gardes cham- » pêtres des particuliers doivent, pour avoir » caractère d'officier de police judiciaire, et » faire en cette qualité des rapports et procès » verbaux des délits qui se commettent sur les » propriétés rurales confiées à leur garde, être » agréés par le conseil municipal de la commune » et confirmés par le sous-préfet. »

Nota. L'agrément du conservateur des forêts est en outre nécessaire lorsqu'il y a des bois à faire garder.

CHAPITRE XVI.

PARCOURS ET VAINE PATURE.

275. On appelle *parcours* la servitude en vertu de laquelle les troupeaux d'une commune peuvent être envoyés à la vaine pâture sur le territoire d'une autre. Cette servitude, qui ne peut exister sans réciprocité, doit nécessairement être fondée sur un titre ou sur une possession autorisée par les lois et les coutumes, et, dans ce cas-là même, chacune des deux communes qui y sont assujetties peut s'en affranchir en renonçant à la faculté de l'exercer elle-même sur le territoire de la commune voisine.

276. *Le droit de vaine pâture*, est la faculté accordée à tous les habitans d'une commune d'envoyer une certaine quantité de bestiaux sur toutes les terres non closes de cette même commune, à l'exception de celles qui sont ensemencées ou couvertes d'une production quelconque.

277. Un usage local immémorial suffit pour établir l'existence de ce droit; il s'exerce d'après les règles établies ou convenues, au main-

tien desquelles l'autorité est chargée de veiller.

278. Chaque cultivateur ne peut envoyer à la vaine pâture qu'une quantité de bétail proportionnée à l'étendue de terre qu'il exploite dans la commune. Lorsque cette proportion n'a pas été déterminée par des règlemens antérieurs ou par des usages locaux, le Préfet la fixe sur la proposition du maire et d'après l'avis tant du conseil municipal que du sous-préfet.

279. L'exercice du droit de vaine pâture, dans une commune, peut être réclamé par tout propriétaire ou fermier qui y exploite des terres assujetties à ce droit, quand bien même il n'y serait pas domicilié; mais alors il faut qu'il en jouisse personnellement, la loi lui interdisant la faculté de le céder à d'autres.

280. Le propriétaire dont toutes les propriétés sont closes, ne peut exercer le droit de vaine pâture dans la commune où elles sont situées; mais son domaine n'y est pas non plus assujetti envers les autres propriétaires. S'il n'en a fait clore qu'une partie, son droit est réglé d'après l'étendue de la portion non close qu'il exploite.

281. Des cantonnemens exclusifs peuvent être assignés à certains cultivateurs, sur leur demande, ou à tous ceux de la commune, sur la proposition des maires. Dans l'un comme

dans l'autre cas , ils doivent être délibérés par les conseils municipaux et approuvés par le Préfet (instruct. du Préfet de Seine-et-Marne du 1er septembre 1808).

CHAPITRE XVII.

PATURE DES TROUPEAUX COMMUNS.

282. Les dépenses relatives aux pâtres communs seront supportées proportionnellement par ceux qui en profiteront, et conformément aux réglemens que les administrations communales devront faire sur cette objet (loi du 11 frimaire an 7, art. 6).

CHAPITRE XVIII.

CLÔTURE DES COLOMBIERS.

283. Une loi du 4 août 1789 attribue aux conseils municipaux le droit d'émettre leur vœu sur les époques durant lesquelles les colombiers doivent être fermés.

284. Le maire prend ensuite, s'il y a lieu, un arrêté de police pour ordonner aux propriétaires de pigeons de les tenir renfermés pendant le temps prohibé , sous peine de les voir considérés comme gibier.

285. Dans ce cas, ils ne peuvent être tués que durant le temps où la chasse est permise, et en se conformant aux lois sur les permis de port-d'armes.

CHAPITRE XIX.

BAN DE VENDANGE.

286. Chacun est libre de faire sa récolte, quand bon lui semble, pourvu qu'il ne cause aucuns dommages aux propriétaires voisins.

287. Cependant, dans les communes ou le ban de vendange est en usage, il peut être fait, à cet égard, un règlement, chaque année, par le conseil général (municipal) de la commune, mais seulement pour les vignes non closes. Les réclamations qui pourraient être faites contre le règlement seront portées au directoire du département (au Préfet), qui y statuera sur l'avis du directoire de district (du sous-préfet) (loi du 6 octobre 1791, titre 1er, section 5, art. 2).

CHAPITRE XX.

DROITS D'USAGES.

288. Les communes et les particuliers qui se prétendraient fondés par titres ou possession

en droit de pâturage, pacage, chauffage et autres usages de bois, tant pour bâtimens que pour réparations, dans les forêts nationales, ont dû, dans les six mois de la publication de la loi du 28 ventôse an XI, produire, sous récépissé, aux secrétariats des préfectures et sous-préfectures, dans l'arrondissement desquelles les forêts prétendues grevées desdits droits, se trouvent situées, les titres ou actes possessoires dont ils inféraient l'existence, sinon, et ce délai passé, défenses leur ont été faites d'en continuer l'exercice à peine d'être poursuivis et condamnés comme délinquans (loi du 28 ventôse an XI, art. 1er).

289. Les communes et particuliers dont les droits d'usage ont été reconnus et fixés par les états arrêtés au ci-devant conseil, ont été dispensés de la formalité prescrite par l'art. précédent (ibid. art. 2).

290. Les communes qui ont obtenu dans les tribunaux civils des jugemens qui leur ont adjugé des droits de propriété ou d'usage, soit dans les forêts nationales, soit dans celles où l'Etat a quelque intérêt, et à l'exécution desquels il a été sursis par la loi du 29 prairial an II, ont dû produire, par-devant le Préfet du département, lesdits jugemens et les pièces justificatives dans le délai de six mois, passé

lequel, et faute de ce faire, lesdits jugemens ont dû être regardés comme non avenus (loi du 19 germinal an II, art. 1er).

291. Il a dû être procédé à l'examen et révision desdits jugemens, conformément aux articles 2 et 3 de la loi du 28 brumaire an 7 (ibid. art. 2).

292. Le délai, pour y statuer, a été fixé à un an, à dater de la remise des jugemens et des pièces. Le même délai a été accordé, à compter de la publication de la loi du 19 germinal an II, pour prononcer sur les jugemens et pièces justificatives précédemment produits, et sur lesquels il n'avait pas été statué. Ces délais expirés, les jugemens qui n'ont pas été attaqués par la voie de l'appel, ont eu leur plein entien effet et (ibid. art. 3).

293. Le droit d'usage peut se perdre par l'abus dans la jouissance, c'est-à-dire, en laissant dépérir la chose, ou en y commettant des dégradations. Cette disposition est applicable aux communes (code civil, art. 618 et 625).

Exercice du droit d'usage.

294. Les habitans usagers donneront déclaration du nombre de bestiaux qu'ils possèdent ou tiennent à louage, et le rôle en sera transcrit sur un registre tenu au greffe du tribunal (ordonnance de 1669, titre 19, art. 2).

295. Les inspecteurs forestiers assigneront à chaque hameau, village ou communauté usagère, une contrée particulière, la plus commode qu'il se pourra, en laquelle ès-lieux défensables seulement, les bestiaux puissent être menés et gardés sans mélange de troupeaux d'autres lieux, etc. (ibid. art. 3).

296. La déclaration des contrées et la liberté d'y envoyer au pâturage sera publiée l'un des dimanches du mois de février (à la diligence du maire), avec défense aux usagers et à tous autres, d'envoyer paître leurs bestiaux ès-autres lieux, à peine de confiscation et de privation de leurs usages (ibid. art. 4).

297. Tous les bestiaux d'une même commune ou hameau ayant droit d'usage, seront marqués d'une même marque dont l'empreinte sera mise au greffe, avant que de pouvoir les envoyer au pâturage, et chaque jour assemblés en un lieu destiné pour chaque commune ou hameau *en un seul* troupeau, et ramenés et conduits par un seul chemin qui sera indiqué par les officiers forestiers, à peine de confiscation, amende et punition contre les gardes et pâtres (ibid. art. 6).

298. Les particuliers seront tenus de mettre des clochettes au cou de leurs bestiaux (ibid. art. 7).

Il est défendu à tout habitant de mener ses

bestiaux à garde séparée, et de les envoyer dans la forêt par sa femme, ses enfans ou domestiques, à peine d'amende de 10 francs pour la première fois, de confiscation pour la seconde et de privation de tout usage pour la troisième fois.

299. Ne peuvent les particuliers et usagers prêter leurs noms et maisons aux marchands et habitans des villes et lieux voisins pour y retirer leurs bestiaux, à peine de confiscation, d'amende de 30 francs, et en cas de récidive de privation de tout usage (ibid. art. 9).

300. S'il y avait des jeunes rejets en futaie ou taillis le long des routes ou chemins où les bestiaux passeront, en sorte que le brout ne se pût sûrement empêcher, les officiers forestiers tiendront la main à ce qu'il soit fait des fossés suffisamment larges et profonds pour leur conservation, ou les anciens relevés et entretenus aux frais et dépens des communes usagères, par contribution à proportion du nombre de bêtes que chaque habitant enverra au pâturage (ibid. art 12).

301. Il est défendu aux usagers et à toutes personnes ayant droit de passage dans les forêts nationales, communales et de particuliers, d'y mener ou envoyer des bêtes à laine, chèvres, brebis ou moutons, ni même ès-landes et bruyères, places vaines et vagues, aux rives des bois et

forêts, à peine de confiscation des bestiaux, d'amende, etc. (ibid. art. 13).

302. Les habitans des maisons usagères jouiront du droit de pâturage et pacage pour les bestiaux, de leur nourriture seulement, et non pour ceux dont ils feront trafic et commerce, à peine d'amende et de confiscation (ibid. art. 14).

CHAPITRE XXI.

ÉGLISES ET CIMETIÈRES.

303. Les églises et cimetières doivent être considérés comme propriétés communales (avis du conseil d'Etat du 2 pluviôse an 13). Voyez *Réparations*.

Cimetières.

304. Les terrains les plus élevés ou exposés au nord seront choisis de préférence; ils seront clos de murs (décret du 23 prairial an 12, art. 3).

305. Pour éviter le danger qu'entraine le renouvellement trop rapproché des fosses, leur ouverture, pour de nouvelles sépultures, n'aura lieu que de cinq années en cinq années (ibid. art. 6).

Les cimetières abandonnés seront fermés et

resteront dans l'état où ils se trouveront, sans que l'on puisse en faire usage pendant cinq ans ; encore, à partir de cette époque, ne pourra-t-on y faire aucune fouille ou fondation, pour des constructions de bâtimens, jusqu'à ce qu'il en soit autrement ordonné (ibid. art. 8 et 9).

306. Ils ne peuvent être mis dans le commerce que dix ans après les dernières inhumations (loi du 15 mai 1791, art. 9).

307. Les concessions de terrain ne seront accordées qu'à ceux qui offriront de faire des fondations ou donations en faveur des pauvres ou des hôpitaux, indépendamment d'une somme qui sera donnée à la commune, et lorsque ces fondations ou donations auront été autorisées par le Gouvernement, dans les formes accoutumées, sur l'avis des conseils municipaux et la proposition des Préfets (décret précité, art. 11).

308. Chaque particulier conserve le droit, sans qu'il soit besoin d'autorisation, de faire placer sur la tombe de son parent ou de son ami une pierre sépulcrale ou autre signe indicatif de sépulture, selon l'usage suivi jusqu'alors (ibid. art. 12).

CHAPITRE XXII.

CHANGEMENS DE LIMITES.

309. Les changemens de limites et les réunions des terroires, autres que celles des enclaves, ne peuvent être opérés et les contestations de limites décidées, que de l'autorité de S. M., sur l'avis des conseils municipaux respectifs, des sous-préfets et des Préfets (recueil méthodique des instructions cadastrales, n° 85).

CHAPITRE XXIII.

CADASTRE.

310. Le Préfet, sur la proposition du directeur des contributions, convoque le conseil municipal de chaqu'une des communes du canton, à l'effet de nommer un délégué pour assister à l'assemblée cantonale chargée d'examiner et de discuter les évaluations pour établir le plus juste équilibre entre celles de toutes les communes. Ce délégué ne peut être pris que parmi les propriétaires qui possèdent des biens dans la commune (ibid, n° 767).

CHAPITRE XXIV.

RÉUNIONS ET SÉPARATIONS DE COMMUNES.

311. Les conseils municipaux sont appelés à émettre un vœu sur ces changemens.

312. La réunion des communes ne doit porter aucune atteinte à leurs droits respectifs de propriété, et s'il se présente quelque cas d'exception, il doit être consacré par une ordonnance spéciale. Ainsi, lorsque les habitans d'un hameau ne produisent, indépendamment de l'acte de leur réunion à la commune voisine, aucun titre qui les constitue propriétaires de bois appartenant à cette commune, ils ne sont pas fondés à prétendre à la distribution de l'affouage de ces bois (décret du 17 janvier 1813).

CHAPITRE XXV.

PROCÈS ET TRANSACTIONS.

313. Les communes ne peuvent intenter ni soutenir aucune action en justice, sans y avoir été autorisées, sur l'avis du conseil municipal, par le conseil de préfecture.

314. Une nouvelle autorisation, demandée et obtenue dans les mêmes formes, est né-

cessaire au maire pour interjeter appel d'un jugement de première instance, ou pour se pourvoir en cassation contre un arrêt de la cour d'appel; mais il n'en a pas besoin pour défendre la commune, lorsque c'est la partie adverse qui a succombé et qui interjette l'appel ou intente le pourvoi en cassation.

315. Les créanciers des communes ne peuvent intenter d'action contre elles, qu'après en avoir obtenu l'autorisation du conseil de préfecture (arrêté du Gouvernement du 17 vendémiaire an 10); mais cette formalité n'est pas nécessaire à ceux qui auraient des restitutions ou des droits de propriété à réclamer d'une commune (avis du conseil d'Etat, approuvé le 12 juillet 1806).

316. Dans les procès sur les droits de propriété, les communes ne peuvent transiger sans autorisation (arrêté du Gouvernement du 21 frimaire an 12).

Consulter, sur les anciennes dettes des communes, la loi du 24 août 1793.

CHAPITRE XXVI.

ACCEPTATION DE DONATIONS ET LEGS.

317. Lorsqu'un particulier a disposé au pro-

fit d'une commune, soit par donation entre vifs, soit par testament, le conseil municipal doit être convoqué extraordinairement pour délibérer sur la question de savoir s'il est de l'intérêt de la commune d'accepter la donation ou le legs et de souscrire aux conditions qui peuvent, avoir été imposées par le donateur ou testateur (instructions).

318. Une ordonnance royale est nécessaire pour autoriser l'acceptation de tous dons et legs dont la valeur excède 300 francs, les autres peuvent être acceptés sur l'autorisation du Préfet (ordonnance du Roi du 2 avril 1817, art. 1er).

CHAPITRE XXVII.

LOGEMENT DES TROUPES EN MARCHE.

319. Après la distribution du logement, un officier de la troupe et l'un des membres du conseil municipal doivent rester à la mairie pour recevoir les réclamations des habitans et des militaires, et pour y faire droit, s'il y a lieu (règlement du Ministre de la guerre du 20 Juillet 1824, art. 120).

FIN.

TABLE

ALPHABÉTIQUE DES MATIÈRES

CONTENUES DANS CE VOLUME.

Les chiffres ci-après indiquent, non les pages, mais les articles de cet Ouvrage.

A

B

C

D

T

U

V

FIN DE LA TABLE.

FORMULES

DE DIVERSES DÉLIBÉRATIONS.

La minute des délibérations doit toujours être portée sur un registre coté et paraphé par le maire, et signée séance tenante par les membres présens.

AGRÉMENT DE GARDE CHAMPÊTRE.

Séance du

Cejourd'hui, le conseil municipal de la commune de s'est assemblé extraordinairement, en vertu de l'autorisation spéciale de M. le préfet, du pour délibérer sur l'objet ci-après.

Présens ; M. maire, président ; M. secrétaire élu, séance tenante, à la majorité des suffrages.* (désigner les noms des autres membres.)

M. le président du conseil a exposé qu'il a choisi, en vertu de l'ordonnance royale du 29 novembre 1820, le sieur (*nom*, *prénoms*; *profession et demeures*) pour remplir la place de garde champêtre de cette commune, vaccante par (désigner la cause de la vaccance).

Sur quoi le conseil, vu les pièces et renseignemens produits sur le compte dudit.
l'a agréé, en ce qui le concerne, en ladite qualité, conformément à l'ordonnance royale précitée (ou) a déclaré qu'il ne pouvait donner son agrément à cette nomination, attendu (énoncer les motifs). Fait en séance, à le

Agrément de garde particulier.

Cejourd'huy, etc, comme à la page 101 jusqu'à cette marque. *

M. le président a exposé que M. propriétaire de (désigner la nature des biens) situés sur le territoire de cette commune, a commissionné pour garde particulier de cet immeuble, le sieur (nom, prénoms, âge, profession, demeure), et il a déposé sur le bureau, (*énoncer les pièces établissant la moralité du garde.*)

Sur quoi le conseil, vu les lois des 20 mes-

sidor an 3 et 3 brumaire an 4, a agréé, en ce qui le concerne, ledit sieur
comme garde particulier de M at-tendu qu'il réunit les qualités requises pour remplir lesdites fonctions, *ou bien*, a déclaré ne pouvoir agréer ledit comme garde particulier, attendu (énoncer les motifs du refus). Arrêté en séance, à

Réparation d'un édifice communal.

Cejourd'hui, (etc. comme d'autre part jusqu'à cette marque. *

M. le président a exposé au conseil que (tel bâtiment ou tel établissement) appartenant à la commune, et servant de (indiquer l'usage auquel l'immeuble à réparer est employé) est dans un état de dégradation, provenant de (indiquer la cause) et qui exige de promptes réparations, et il a proposé de prendre des mesures pour qu'elles fussent effectuées au plutôt.

Le conseil, après en avoir délibéré, a désigné deux de ses membres MM.
pour faire la visite des lieux, assistés d'un

homme de l'art, se reservant de statuer, ensuite, sur leur rapport ce qu'il appartiendra.

Fait en séance, à

Suite de la délibération précédente.

Et le

le conseil s'est réuni, de nouveau, en vertu de son ajournement prononcé à la séance du

Après avoir entendu le rapport fait par MM. commissaires désignés par le conseil, pour visiter (désigner le bâtiment), a reconnu que vu l'état actuel de cet édifice, les dites réparations peuvent encore être différées sans inconvénient, d'autres dépenses plus urgentes absorbant les ressources communales, *ou bien*, après avoir entendu le rapport de deux commissaires nommés dans la séance précédente ;

Vu le devis des travaux nécessaires, pour remettre en état l'édifice dont il s'agit, dressé par le sieur architecte (ou entrepreneur de maçonnerie) lequel devis monte à la somme de

Vu le budjet de la commune pour l'exercice courant.

Le conseil émet le vœu qu'il soit procédé aux-dites réparations, dans les formes légales; que la dépense qui en résultera soit acquittée sur l'excédent disponible que présente le budget, *ou bien*, au moyen du produit de (*indiquer la ressource, soit ordinaire, soit extraordinaire, applicable à cette dépense*);

Invite, en conséquence, M. le maire à faire toutes diligences pour parvenir à l'exécution du vœu du conseil.

Fait en séance, à le

Adjudications de baux de 9 ans au plus.

Séance du etc, comme d'autre part jusqu'à cette marque *

M. le maire a exposé au conseil que (désigner l'étendue et la nature des biens ruraux) ne paraissent pas nécessaires à la dépaissance des troupeaux, en raison de (indiquer le motif) *ou bien*, si ce sont des bâtimens, ou parties de bâtimens, que, tels locaux, vont devenir vaccans à partir de (telle époque) par suite de (en indiquer la cause) *ou bien*, que le bail de tel immeuble, fait le pour tant d'années qui ont commencées au expireront le...

Sur quoi le conseil, vu l'ordonnance royale du 7 octobre 1818.

Considérant que l'intérêt de la commune exige que l'immeuble dont il s'agit soit loué, tant en considération de (indiquer ici les motifs particuliers qui dirigent le conseil) que pour procurer ou conserver à la commune une ressource nécessaire à ses besoins, émet le vœu que le bail provoqué par M. le Maire (soit passé ou renouvellé) dans les formes légales, pour années à partir du aux charges ordinaires, qui seront arrêtées par lui sous l'approbation de monsieur le Préfet, et notamment à celles (*indiquer les conditions que le conseil jugerait nécessaire d'y insérer*).

Fait en séance, à le

Objets divers.

Ce jourd'hui, etc. comme d'autre part, jusqu'à cette marque*.

Monsieur le maire a exposé au conseil le besoin que la commune éprouve *ou* d'une fontaine, *ou* d'un lavoir, *ou* d'un abreuvoir, *ou* d'un puits, *ou* d'une horloge, ou etc. etc, il a soumis au conseil le devis de cette dépense, montant à......

Sur quoi le conseil, après avoir reconnu l'utilité de (désigner l'objet projetté) a émis le vœu que monsieur le maire sollicitât de monsieur le Préfet l'autorisation nécessaire pour effectuer cette dépense dans les formes voulues par la loi, et que le montant en fut acquitté sur (indiquer des ressources disponibles ou à créer pour cet objet) *ou bien*.

Sur quoi le conseil, a déclaré qu'il ne pouvait adhérer à cette dépense, attendu que l'urgence n'en est pas suffisamment établie, et que la commune a besoin de reserver ses ressources pour des objets d'une nécessité plus pressante.

Fait à le

FIN.

www.ingramcontent.com/pod-product-compliance
Ingram Content Group UK Ltd.
Pitfield, Milton Keynes, MK11 3LW, UK
UKHW020922180726
13838UKWH00002B/709